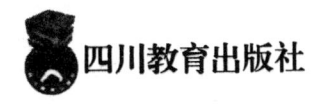

教育创新文丛

北京榜样教师好声音

郑超 主编

四川教育出版社

图书在版编目（CIP）数据

北京榜样教师好声音 / 郑超主编 . — 成都 : 四川教育出版社, 2023.4
（教育创新文丛）
ISBN 978-7-5408-8424-6

Ⅰ. ①北… Ⅱ. ①郑… Ⅲ. ①优秀教师－课堂教学－文集 Ⅳ. ①G424.21-53

中国国家版本馆CIP数据核字（2023）第050414号

教育创新文丛 北京榜样教师好声音

JIAOYU CHUANGXIN WENCONG BEIJING BANGYANG JIAOSHI HAO SHENGYIN

郑超　主编

出 品 人	雷　华
责任编辑	杨　越
封面设计	冯军辉
责任校对	罗　丹
责任印制	高　怡
出版发行	四川教育出版社
地　　址	四川省成都市锦江区三色路238号1栋1单元
邮政编码	610023
网　　址	www.chuanjiaoshe.com
印　　刷	河北鑫彩博图印刷有限公司
版　　次	2023年4月第1版
印　　次	2023年5月第1次印刷
成品规格	185 mm × 260 mm
印　　张	12.5
字　　数	321千字
书　　号	ISBN 978-7-5408-8424-6
定　　价	58.00元

如发现质量问题，请与本社联系。总编室电话：（028）86365120
北京分社营销电话：（010）67692165　北京分社编辑中心电话：（010）67692156

北京教育的一束光

教育之所以牵动千家万户，是因为教育是家庭和社会核心的幸福指数。教育永远都是一束光，任何教育改革，任何课堂模式的调整，任何教育格局的变动，都备受关注。

无论教育出现什么新的概念，无论学生在什么情境中学习，目标都是定位美好的未来。教育是一束光，照亮全体；教育是一束光，照亮未来；教育是一束光，让每一位师生都能感受到温暖。

如今，教育生态发生了前所未有的变局，教育的每一寸土壤正循序渐进地融入其中。在教育生态的变局中，北京没有特殊性。北京教育深刻理解教育生态变局，学校的课堂时刻都在应对之中。

《北京市"十四五"时期教育改革和发展规划（2021—2025年）》明确指出，首都教育在率先实现教育现代化的基础上，要全面开启建设高质量教育体系和高水平教育现代化的新阶段。到2025年，全面构建首都高质量教育体系，实现更高水平、更具影响力的教育现代化，培养具有家国情怀、首都气派、国际视野、创新精神的高素质人才，努力让每个孩子都享有公平而有质量的教育，让每个学习者都有人生出彩的机会。

在构建高质量教育体系这个背景下，我们策划了"教育创新文丛"系列丛书。立足现代教育理念，解析最新教育政策，注重新理论研究，强调实践运用，将成熟的研究和实践成果汇集成书，从多层面体现教书育人的思考，如何立德树人，培养德智体美劳全面发展的社会主义建设者和接班人，加快建设高质量教育体系，是这套丛书的宗旨。

丛书首批推出《北京名校长好声音》《北京榜样教师好声音》《北京市中小学素质教育研究成果集》，后续还将继续推出更多优秀的理论研究和实践成果集。《北京名校长好声音》的主要内容，是来自北京基础教育领域40余位校长关于学校教育理念、学校管理、课程体系、校园文化的研究和思考；《北京榜样教师好声音》则是北京基础教育领域一线60余位优秀学科任课教师以教案为基础的课堂教学实践案例；《北京市中小学素质教育研究成果集》的内容是来自北京基础教育领域一线学科教师课堂教学的案例和校长对学校落实"双减"政策的思考。

以上几本丛书虽然并不能涵盖构建首都高质量教育体系全貌，但它们各自从不同侧面展示了北京教育的内涵和北京教育的实力。其作者均是从"教育头条"品牌活动中评选出来的名校长和一线榜样教师，获得过多项荣誉。他们实践经验丰富，撰写内容专业。因此，丛书有很好的示范和参考作用。

希望丛书能凝聚成一束光，不仅照亮北京教育，也能照亮教育的方方面面，让教育界同人有所获，有所悟。这正是我们编选这套丛书的初衷。

"教育头条"总编辑　郑超

序　言

北京优秀学科教师课堂教学的六个特征

《教育创新文丛——北京榜样教师好声音》是"教育头条"面向基础教育一线具有丰富教学经验优秀学科教师编选的教学案例集。这本书不是关于教育故事类合集，而是侧重课堂教学的理论和实践相结合的教育文集，分为教学设计、教学反思、教学探索三个篇章，具有专业性、广泛性、创新性、示范性、学术性、实践性等特征。

专业性　此书以学科教案为基础。稿件均有明确的教学目标、教案内容、教学方式。如北京市"紫禁杯"班主任评选一等奖获得者、北京市海淀区中关村第一小学怀柔分校教师刘丽娜的数学课巧设教学情境，以日常生活中家庭装修为背景，提示生活中处处有数学，数学即生活。因此，在教学过程中，抓住适当的契机，根据学生的特点，依托日常生活经验，努力创设真实具体的情境氛围，让学生自觉地融入具体的教学情境之中，感受数学知识，理解数学知识，内化数学知识，提高数学学习效率。

广泛性　体现在两个方面：第一，涉及的区较多，涵盖的学校范围较宽。既有城区又有远郊区的一线具有丰富教学经验优秀学科教师的教学案例；第二，涉及的学科相对较全面，既有语文、数学、英语主科，也包括体育、音乐等科目，同时包括班主任工作的反思，基本涵盖了一线教学的方方面面。

创新性　教学案例都是经过具有丰富教学经验优秀学科教师精心打磨的课堂，有一定的创新性。如人大附中经开学校校长助理、语文教师，全国优秀教师贺国卿《念奴娇·赤壁怀古》教学设计融合了语文、历史、思政的知识，通过对下阕周瑜"风流"形象之深层解读，探究作品人物形象与历史人物形象的矛盾，作品人物与历史人物的时空错位。解读"风流"，寻找"风流"，引导学生形成乐观旷达的人生态度。

示范性 该书作者均为一线优秀学科教师，获得过诸多奖项荣誉。我们精选的文章都是经过精心打磨的教学案例，具有示范性。

学术性 所编选的教学案例大都具有一定的学术性，这和北京教育长期以来重视科研的传统有关。如北京明远教育书院实验小学望花路校区少先队辅导员王艺霖旨在培养学生自信心的《魔兽》教学设计，帮助学生建立合群、自立的健康人格，引导学生在学习、生活中感受解决困难的快乐，学会体验情绪并表达自己的情绪。

实践性 所编选的教学设计、教学反思及教学随笔，都是具有一线丰富教学经验的优秀学科教师，结合自己丰富的理论知识及多年的教育教学形成的经验，具有较强的实践性。

《教育创新文丛——北京榜样教师好声音》一书编选注重一线课堂，理论结合实践，集专业性、广泛性、创新性、示范性、学术性、实践性于一体，对基础教育领域学科教师具有参考价值。

"教育头条"主编　王　平

目录

教学设计

尊重学情，有效感知，通过学习发展思维
　　——《寒号鸟》第二课时教学设计 ·················· 2

学会论证方法　培养辩证思维
　　——《真理诞生于一百个问号之后》教学设计 ·················· 8

作业设计应为课堂教学服务
　　——从基础性作业到单元整体的小学语文教学设计 ·················· 12

在"千语"中"千寻"，感受古人家国情怀
　　——《诗词曲五首》教学设计 ·················· 16

深入理解文本　提升思维品质
　　——从两篇作品谈比较阅读教学设计 ·················· 20

临古迹　思故人　怀古事　抒己志
　　——《念奴娇·赤壁怀古》教学设计 ·················· 24

聚焦"理法"融合　发展运算能力
　　——《9加几》教学设计 ·················· 28

内化知识　形成能力
　　——《分数的初识》教学设计 ·················· 33

培养空间概念　提升数学能力
　　——《平行与垂直》教学设计 ·················· 37

优化教学策略　提高复习效率
　　——高三数学函数综合复习题/试卷讲评课 ·················· 40

创设生活情境　激发活动兴趣
　　——《Unit 4 Food Lesson 1》词汇教学设计 ·················· 44

学会健康生活，从"合理膳食"做起
——《合理膳食和食品安全》教学设计 …………………… 46
《耳朵里的小秘密》教学设计 ……………………………………… 50
中国传统文化融入小学美育
——《中国画——学画荷花》教学设计 …………………… 54
用积极情绪面对困难
——旨在培养学生自信心的《魔兽》教学设计 …………… 57
创设真实情境　提升学习效果
——《我们是怎样听到声音的》教学设计 ………………… 61
现代教育技术下的深度学习探究
——《改善演示效果》教学设计 …………………………… 64

教学反思

关注"零起点"　领航起跑线
——《大小多少》教学反思 ………………………………… 70
感悟美妙声音　体会自然妙趣
——《大自然的声音》教学反思 …………………………… 72
用教育智慧照亮学生心灵
——《十五夜望月》教学反思 ……………………………… 75
视野广　意境深　情感浓
——古诗《浪淘沙》教学反思 ……………………………… 78
悟情　动情　共情
——谈小学古诗教学中的情感教育 ………………………… 80
对比阅读习动作细节　练笔实践显人物特点
——《人物描写一组》教学反思 …………………………… 83
激发学习兴趣　培养思维能力
——《线段、直线、射线、角》教学反思 ………………… 86
践行理想教育文化　推进自主深度学习
——《积的变化规律》教学反思 …………………………… 89

在情境教学中发展学生数学核心素养
　　——以《长方体、正方体整理与复习》一课为例 …………… 91
基于小学英语线上教学实效性的思考 ……………………………… 94
让学生真正成为学习的主人
　　——英语公开课教学反思 ……………………………………… 97
小单元　大设计
　　——《电解池》单元教学反思 ………………………………… 99
巧构教学方式　培育法治观念
　　——《宪法是根本法》教学反思 ……………………………… 102
在生活的土壤中开出思维之花
　　——《我们知道的动物》教学反思 …………………………… 104
设计情境　巧妙提问
　　——给体育课插上生动有趣的翅膀 …………………………… 107
有效激发体育课学习动机的几点策略 ……………………………… 109
守护"星星"的使者 ………………………………………………… 112
以心为镜　温暖如春
　　——一年级学生心理健康教育心得 …………………………… 115
基于人工智能文字识别技术的信息科技课程实践初探 …………… 118
多彩社团筑基童年　五育并举踔厉前行 …………………………… 121
深深话，浅浅说
　　——家校沟通有感 ……………………………………………… 122

教学随笔

以阅读教学提升学生习作能力 ……………………………………… 126
用好统编教材　培养观察能力
　　——以四年级上册第三单元教学为例 ………………………… 128
在深入研读文本中感悟生命的本真 ………………………………… 131
以《曹冲称象》为例，谈高效课堂的构建 ………………………… 136

巧用思维导图　创新语文课堂
　　——谈思维导图在语文教学中的应用·· 139
微视频在小学书法教学中的应用策略·· 142
篆刻中的文化熏陶·· 145
厚植家国情怀　培养文化自信
　　——中华优秀传统文化课程建设实践探索·· 148
推理能力命题设计的几点策略··· 151
激发数学学习兴趣　提高数学学习能力·· 154
巧用绘本阅读资源　提高课堂教学实效·· 156
新课标下，英语教学的"善教"与"乐学"·· 159
基于提高地理核心素养的常态课教学探究
　　——以《工业区位因素及其变化》为例·· 162
案例教学法在小学道德与法治课中的运用··· 165
新课标视域下小学音乐课程培养学生创意实践素养的方法探究················ 168
汇热爱于教育　集关爱于学生
　　——谈如何做好班级管理和教学工作·· 171
深耕规范创特色　引领师生共发展
　　——谈如何抓好教学管理·· 174
建构有利于儿童良好发展的课程·· 176
师德引领教师发展　营造有爱育人环境·· 179
规范保教工作　有爱保教行为··· 182
我们是贴心的"服务生"·· 184
抓载体创新　助园所发展··· 187
保护幼儿生命　呵护幼儿健康··· 189

教 学 设 计

给课堂插上飞翔的翅膀

> 教学设计，是教师为了达到教学目标，根据学生认知结构，对教学过程、教学内容、教学组织形式、教学方法和需要使用的教学手段进行的策略，其目的是提高教学效率和教学质量，使学生在单位时间内能够学到更多的知识，更大幅度地提高学生各方面的能力，从而使学生获得良好的发展。
>
> 教学设计是课堂教学的蓝图。一个好的教学设计，应该是集教育思想、教学思路、教材分析、个性设计与文稿撰写于一体的作品，具有原创性、创新性、科学性、实用性和简洁性，令人赏心悦目。
>
> 做好教学设计，不仅是课堂教学质量的保障和前提，同时也是教师专业发展的唯一途径。虽然每个教师都有自己的设计方法和风格，但有一点是共通的，那就是教师投入的不仅仅是时间和精力，更是对职业的敬畏和热爱。

尊重学情，有效感知，通过学习发展思维
——《寒号鸟》第二课时教学设计

本课围绕单元"思维方法"主题展开，在内容浅显、寓意深刻的小故事中，通过对比寒号鸟的懒惰和喜鹊的勤劳，让学生懂得只有辛勤劳动才能创造美好生活的道理。

一、指导思想与理论依据

《义务教育语文课程标准（2022年版）》总目标指出：积极观察、感知生活，发展联想和想象，激发创造潜能力，丰富语言经验，培养语言直觉、提高语言表现力和创造力、提高形象思维能力。

低年级是小学生阅读的起始阶段，《义务教育语文课程标准（2022年版）》明确提出对第一学段的阅读要求："喜欢阅读，感受阅读的乐趣。学习用普通话正确、流利、有感情地朗读课文。学习默读。结合上下文和生活实际了解课文中词句的意思，在阅读中积累词语。认识课文中出现的常用标点符号，在阅读中体会句号、问号、感叹号所表达的不同语气。借助读物中的图画阅读。阅读浅近的童话、寓言、故事，向往美好的情境，关心自然和生命，对感兴趣的人物和事件有自己的感受和想法，并乐于与他人交流……"基于此，统编版语文教材二年级上册第五单元将"思维方法"作为教学要求及目标达成。

二、教学背景分析

（一）教学内容分析

《寒号鸟》是统编版语文教材二年级上册第五单元的一篇故事，该故事根据元末明初文学家陶宗仪撰写的《南村辍耕录·卷十五》改写。全文共9个自然段，第1自然段交代喜鹊和寒号鸟的住处；第2~9自然段，按照"冬天快要到了""冬天说到就到""寒冬腊月"3个关键时间点，分三部分描述了寒号鸟和喜鹊对做窝的不同态度、不同表现和不同结果。这几部分，故事性强，结构相似，语言浅白，富有节奏。

　　文中有两幅生动形象的插图：第一幅图中，喜鹊忙着衔枯草做窝，寒号鸟却躺在悬崖里睡懒觉；第二幅图冰雪覆盖大地，喜鹊在枝头呼唤寒号鸟，寒号鸟却再也没有出现。文中喜鹊和寒号鸟二者截然不同的态度、表现和结果，形成了鲜明的对比。故事短小，形象鲜明，情节有趣，能激发学生的阅读兴趣。

　　本课围绕单元"思维方法"主题展开，在内容浅显、寓意深刻的小故事中，通过对比懒惰的寒号鸟和勤劳的喜鹊，让学生懂得付出勤劳才有美好生活的道理。

　　（二）学习者特征分析

　　班级中学生拖拖拉拉的现象很普遍，具体表现在日常生活拖拉，像起床上学，吃饭、睡觉的拖拉；学习生活中更是难免各种拖拉，像写作业、交作业拖拉，收拾物品、放学拖拉……这种现象的产生，一方面是由于家庭教育没有给学生一个良好的规范，而学校教育的时效性有限；另一方面源于学生自身心理成长特点，自我意识和自我控制能力较弱，比较随心所欲，学生更没有品尝过像寒号鸟因拖拉最终冻死的苦果。

　　此外，学生通过之前语文的学习，在朗读、看图、思维、关联、表达等方面积累了一定的方法，这对于他们参与课堂活动有很大的帮助。

三、教学目标（含重难点）

　　（1）复习本课学习的17个认读字，会写"将""难"和"朗"。

　　（2）分角色朗读课文。读懂课文，知道为什么寒冬腊月时喜鹊能住在温暖的窝里，寒号鸟却冻死了。

　　（3）联系生活实际，加深对故事寓意的理解。懂得懒惰、得过且过是没有好结果的，幸福的生活只有通过辛勤劳动才能得到。

　　其中，第1、2条作为教学重点，第3条是教学难点。

四、教学过程

　　（一）图片导入，复现字词，回顾内容

　　1. 上课伊始，请学生齐读课。

　　2. 教师相机出示寒号鸟的图片，请一组学生"开火车"与寒号鸟打招呼。

3. "在大家热情的招呼声中，它的邻居也来了"，教师再出示喜鹊的图片。"勤劳的喜鹊还衔来一些树枝做窝呢，上面有词语，谁能读准确？"

（设计意图：用图片引入的方式，吸引学生的注意力，复现了多音字。学生愿意参加到复习词语的活动中，既巩固了词语，又激发了学生学习的兴趣。）

（二）借助插图，关注动作，读懂故事

1. 关注动作，理解词义，以理解课文

（1）"喜鹊住在了温暖的窝里，但是可怜的寒号鸟，最后却冻死在了石崖上，这是怎么回事呢？"

（2）"冬天快到了，喜鹊是怎么做的呢？"请学生圈画描写喜鹊动作的词语，并带着自己的理解读课文。

（3）理解词语"一早、东寻西找、衔、忙着"。

①结合生活和课文理解"一早、忙着"。

②结合课文第一幅插图理解"衔"字。

③通过想象理解"东寻西找"，"在空中飞翔的喜鹊，可能去哪里寻找枯草呢？"

预设1："我猜喜鹊可能到山崖对面去寻找枯草了"。

预设2："我猜喜鹊可能去大草原上寻找枯草了"。

"还可能去哪里呢？喜鹊可能去了很多、很远的地方去寻找枯草。真是'东寻西找'。"（板书：东寻西找）

（设计意图：学生在看图和想象中，理解了词语的意思，感受到了喜鹊的勤劳和做窝的不易。）

2. 结合插图，进行对比，以理解课文

①"冬天快到时喜鹊就开始做窝，寒号鸟在干什么呢？"

②出示课文描写寒号鸟的内容：寒号鸟却只知道出去玩，累了就回来睡觉。学生读。

③学生读完后，追问："同学们，喜鹊忙着做窝的时候，寒号鸟在干什么？"

预设："寒号鸟却在睡大觉！"

（设计意图：学生能从对比中感受到"冬天要到了"喜鹊和寒号鸟对于做窝的态度的不同，突出了寒号鸟的懒惰，从而为下文寒号鸟冻死做好铺垫。）

3. 发表见解，大胆表达，以促进理解

①"面对这样的寒号鸟，你想对它说些什么呢？"

预设1:"寒号鸟,你不要再睡觉了,冬天快到了!"

预设2:"寒号鸟,你赶快像喜鹊那样做窝吧,不然你会冻死的!"

②教师借助学习提示,学习第2~9自然段。思考:喜鹊是怎样劝说寒号鸟的呢?(出示学习提示:请默读课文第2~9自然段,找出喜鹊和寒号鸟的两次对话,用"_____"画出来。)

③学生小组自由练习对话。

④教师相机指导学生:同样是提醒寒号鸟做窝,冬天快到了的时候和冬天到了的时候,会有什么不同?(学生可以根据提示语从"说"到"劝"感受喜鹊的苦口婆心。这真是一只目光长远的鸟!)

⑤学生朗读,模仿喜鹊和寒号鸟的对话。

(设计意图:学生在以往学习的基础上,能借助学习提示,从文中找出两次人物对话,培养了学生从文中提取信息的能力。)

⑥"课文中的喜鹊真的傻吗?"(出示寒号鸟的话)读完对话后,学生展开交流。

预设1:"喜鹊一点儿也不傻,它知道冬天快要到了,不做窝会冷。"

预设2:"喜鹊很聪明,傻的是寒号鸟,它太懒惰了,它不听劝早晚会冻死的。"

(设计意图:引导学生联系上下文,培养学生的思维能力。)

⑦"寒号鸟不理会喜鹊的劝告,冬天快到了的时候不做窝,冬天到了的时候仍然不做窝,像它这样挨过一天是一天,过得去就过去,就叫'得过且过'。"(板书:得过且过)

⑧"'得过且过'地过日子,最终不会有好结果,寒号鸟冻死了。此时,你又想对它说什么呢?"学生结合生活展开交流。

(三)针对问题、指导书写,提高实效

1. 读准字音,说记法

将:jiāng,联想法记忆。

夜:yè,组词法记忆。

2. 一字开花,能组词

将:将要、将军、将来、将近、行将

夜:半夜、夜晚、夜色、午夜、夜空

3. 仔细观察，会书写

①整体观察，说特点（字形结构、占格位置和关键笔画）

将：左右结构；将字旁在左半格，夕在右上格，寸在右下格；7笔横。

夜：上下结构；撇出头，夜伸脚，夜的下面宽一点；最后一笔捺。

②动手书写，现难点

学生描红，并尝试书写。

预设1：学生在写"将"时，右半边容易写成上下同宽。

预设2：学生在写"夜"时，5笔撇和8笔捺容易写成一笔。

预设3：学生在写"夜"时，2笔横写得稍短。

③突破难点，写美观

运用方框，请学生比较字的上下宽窄，以突破难点。

（四）引用古诗，加深理解，课外延伸

1. 出示《明日歌》，以达到相互印证，加深理解课文内容

2. 出示《闻鸡起舞》

（设计意图：这个小故事是珍惜时间、做事不拖拉的正面典范，边讲故事边讲道理要比单纯地讲大道理更容易让学生接受和信服，起到督促和激励学生的作用。）

五、板书设计

13. 寒号鸟

东寻西找　　　将　夜
得过且过

六、本课教学设计特点

首先，围绕本单元"思维方法"的主题，我以"启发式教学"贯串课堂，摆脱了"老师讲，学生听"的常规模式。用问题引导学生逐步走进课文，理解词语句子，慢慢明白蕴含其中的道理。

第二，抓住教材图文并茂的特点，通过观看插图，帮助学生理解文意，引发共鸣。再抓住时间和说话语气的不同，对喜鹊与寒号鸟的两次对话进行对比，理解课文；然后通过课文对话的朗读效果对学生的理解效果进行评价。

第三，引用《明日歌》和《闻鸡起舞》来进行拓展延伸，将晦涩难懂的大道

理通过这两个拓展材料迁移到生活中，使学生更容易理解，帮助学生架起生活和学习的桥梁，指导实践。

最后，让学生当"小老师"，上台讲解两个生字，更能调动学生积极性。从学生自己的角度来讲解难点，对于书写中的易错点更有针对性。并且在书写过后，通过实物投影展示的方法进行书写点评，帮助学生更直观地学习、了解生字的规范占格。

本篇作者简介

宋昭童，北京市陈经纶中学帝景分校教师，《寒号鸟（第二课时）》获2019年第一届青年教师教学基本功展评新教师组一等奖，《在牛肚子里的旅行》获2020年第二届青年教师教学基本功展评新任教师组三等奖，《雪地里的小画家》获2021年第四届青年教师教学基本功展评活动青年教师组三等奖。

学会论证方法　培养辩证思维
——《真理诞生于一百个问号之后》教学设计

《真理诞生于一百个问号之后》是统编版六年级语文下册第15课。"真理诞生于一百个问号之后"不仅是课文名称，也是课文的主要观点。课文主要用事实论述了只要善于观察，不断质疑，不断解决疑问，锲而不舍地追寻问题的来龙去脉，就能在现实生活中发现真理的观点。

一、教学内容

《真理诞生于一百个问号之后》

二、教学目标

（一）通过了解每一个事例的表达顺序，体会课文是怎样用事例来说明观点的。

（二）体会"善于观察，独立思考，不断探索，锲而不舍"的科学精神，并说出自己受到的启发。

（三）能仿照课文的写法写一段话，用具体事实说明一个观点。

三、教学重难点

（一）通过了解每一个事例的表达顺序，体会课文是怎样用事例来说明观点的。

（二）能仿照课文的写法写一段话，用具体事实说明一个观点。

四、教学过程

（一）回顾旧知，导入新课

1. 谈话

今天我们继续学习第15课，齐读课题。题目就是本文的观点，那作者是按照什么思路来写的呢？

预设：提出观点——印证观点——总结观点

2. 回顾

在印证观点这一部分作者列举了三个事例，你还记得这三个事例吗？那这三个事例是如何印证观点的呢？这节课我们就继续探究学习。

（二）细读文本，品析感受

1. 在阅读中发现顺序

（1）学习提示

自学：默读三个事例，思考：事例是按照什么顺序写的？用词语或短语的形式批注在旁边。

小组合作：组内交流自学成果，讨论研究形成统一意见，组长写在纸条上并粘贴到黑板上。

（2）学生交流、展示

预设学生活动：发现问题（现象）——不断发问——不断探索（追根求源反复实验）发现真理——（得出结论）

2. 小结

这三个事例中提到的科学家发现或者发明的过程是相同的。

3. 在深入品读中探究

（1）探究事例顺序：通过同学们的交流，我们知道三个事例都是按照这样的顺序写的，你们发现这样的规律和书中哪段的描写吻合呢？

预设：第二自然段

追问：为什么写第二自然段？

预设：解释观点

小结并指导朗读：原来这就是科学研究的一般规律，那就让我们一起读一读作者的观点。

（2）探究事例精神

过渡：我们知道了科学研究的规律，那我们就一定能得到真理吗？这个过程还需要什么？小组交流。

预设：善于观察，独立思考，见微知著，锲而不舍。

追问：这些词如何排序？

教师小结：是啊，任何科学的发现都是从善于观察开始的。

追问：从这些科学家身上，你学到了什么？有什么启发呢？说一说。

预设：联系生活实际表达。

（3）解释课前质疑

（三）归纳写法，仿写练笔

1. 归纳课文写法

同学们，那你们现在明白作者为什么按这个顺序写了吗？作者先提出观点，然后用一句话解释观点，接着又用三个事例具体印证观点，最后总结观点，思路非常清晰。

2. 任务驱动，尝试仿写

那你能仿照文章的写法，用几个具体事例说明一个观点吗？从以下两个观点中选择：有志者事竟成；玩也能玩出名堂，尝试仿写。请大家写在课堂本上。

3. 学生练笔后交流

评价标准：按照课文的表达顺序写；能够围绕观点进行表达；能够有顺序地进行表达。

小结：相信如果你也善于观察生活，独立思考，多问几个"为什么"，并锲而不舍，你也能把问号拉直变成感叹号。这些书目推荐给大家，感兴趣的同学可以去阅读。

四、板书

15. 真理诞生于一百个问号之后

提出观点	发现现象	不断发问	找到真理	反复试验
论证观点	善于观察	独立思考	锲而不舍	
总结观点				

五、教学反思

1. 积极性被调动

学生是课堂学习的主人，在整个教学过程中，把学习的过程还给学生，把表达的舞台让给学生。我始终让学生积极主动地参与教学的全过程，给学生充分自读自悟的时间，让学生有充分的时间圈画、思考、交流、汇报、表达……让学生真正地成为学习的主人，在语文课堂上有所收获。

2. 心弦被拨动

从具体事例中正确理解"真理诞生于一百个问号之后"的含义是这一课的重

难点。对课文中的三个事例，我指导学生研读的重点是具体事例，通过读读议议，拨动学生心弦。学生通过找到三个事例的共同顺序，品读出作者是如何印证观点的，进而体会出作者的行文特点。

3. 心灵被触动

教学中，学生感受和感悟到见微知著、独立思考、锲而不舍、不断探索的科学精神，学生在阅读分享中有所动，与此同时，训练学生结合课文仿写，练笔表达也成了水到渠成之事。

本篇作者简介

苗宇，北京明远教育书院实验小学语文教师，朝阳区语文骨干教师。其论文《小学高段语文阅读拓展教学有效性的实践研究》在《语文课内外》期刊上发表。

作业设计应为课堂教学服务
——从基础性作业到单元整体的小学语文教学设计

小学语文单元整体教学，是以小学语文教材中一组教材为基本教学单位，在整合课文、口语交际、习作及课外资源等基础上，进行整体教学设计与活动的一种教学思想。

基础性作业一般是指基于课程标准、针对全体学生的共性要求而设计的作业。它提供核心的概念体系、基本的知识框架、关键的实践技能，培养学生良好的学习习惯、必备的能力、重要的学习品质等。

在小学语文单元整体教学中，怎样设计基础性作业，提升学生的学习水平，形成必备品格与关键能力？笔者对此进行了初步探索。

一、教学背景

2021年7月24日，中共中央办公厅、国务院办公厅印发《关于进一步减轻义务教育阶段学生作业负担和校外培训负担的意见》。为深入贯彻"双减"政策精神，有效减轻义务教育阶段学生过重作业负担，我们从基础性作业和单元整体教学两方面进行了思考和实践。

二、基础性作业"复述故事"的落实思考

1. 剖析语文要素，了解学情起点

《慢性子裁缝和急性子顾客》是统编版三年级语文下册第八单元的首篇课文，围绕"复述故事"这一语文要素，本课要引导学生借助表格，有序地复述故事。对于复述这样的语言表达训练，我们了解到低年级学生常常会有讲故事的经历，所以三年级学生已有借助图片、关键词、示意图等形式讲故事的基础。

在课堂上，复述应该是重中之重。为了更好地让学生了解复述，就要制订复述的评价标准，了解正确恰当的评价标准。重视学生的复述训练，让复述的训练有层次，让复述的方式多样化，让复述的评价多元化。

2. 紧扣"复述"核心，自主制订评价标准

基于以上思考，我们制订了教学目标：学习以"借助表格"复述故事的方法，复述故事。直接抛出"什么是复述"的问题，让学生先自主思考复述和背课文的区别，了解复述是要用自己的话说，这样的形式也确实让学生避免了背课文的复述。接着引导学生通过观察表格，发现复述要有顺序，按照顺序复述才能清晰，这个标准其实对学生来说并不困难。接着开展小组合作练习复述第一部分，再通过学生推荐点评的形式，发现要想使自己的复述清晰还要注意不遗漏，语言清楚流利，避免口头语。在尝试复述的过程中学生就给自己确定了复述的标准，接下来就是按照自己制订的标准来练习复述了。

在这个过程中，学生既是复述者又是评价者，这样他就更能掌握这个复述的标准，从而更好地运用这个标准来复述。更何况这个标准还是学生自己一点一点发现制订的。学生在课堂上借助表格，复述有序，抓住了关键词，做到了重要情节没有遗漏，而且语言流利，学得兴致盎然。

三、单元整体教学设计和实施

1. 明晰语文要素

《奋斗的历程》是统编版六年级语文下册第四单元的综合性学习，以"理想和信念"为主题，四篇从不同侧面展现了英雄气节和民族精神的课文，有助于学生树立远大理想，培养高尚的道德情操，并安排了围绕"奋斗的历程"这个主题展开的"综合性学习"。

2. 思考教学方向

（1）课文与实践相融合：课文内容文体多样，有的课文篇幅较长，除课文外还有实践活动安排，里面的阅读材料既可以作为前面正式课文的资料，来帮助学生理解课文，同时也可以作为拓展材料，扩展知识空间。

（2）学生具备一定的自主学习能力，能够综合运用学过的方法自主阅读理解。

（3）整个单元的学习都需要借助查找相关资料，加深对课文的理解，可以进行整合。

（4）在作业设计上，要尽量突出"减量、提质、增趣"。

3.《奋斗的历程》设计分享

（1）提出问题，整合学习内容

做好表格设计后，向学生讲解单元主题"理想与信念"，通过浏览课文，引

导学生了解需要解决哪些问题才会更好地理解主题和落实语文要素，并梳理问题，明确阅读材料与我们的课文也存在着关联。

（2）明确学习任务，小组分组

①利用数字和信息平台搜集你对阅读材料中想了解的内容，共同探索学习革命历史、革命英雄等事迹，尝试用多种信息技术方式记录、展示并讲述故事，表达自己的崇敬之意。在实践中了解更多的知识，分享阅读方法和阅读收获。

②查找资料，搜集红色诗词，制作小诗集，感受其中蕴含的深厚的革命情怀。

（3）引导分类，指导资料的搜寻和整理

通过思维导图的引导，让学生明确搜集的诗歌方向以及要汇报的内容。引导学生借助信息技术等多种方式汇总。梳理自己积累的语言材料，建立自己的创意语言资料库，并能学以致用。

（4）开展课文讲解和展示交流

学生已经对所讲课文有了大致的了解，例如：有关革命传统人物和革命英雄人物的代表作品，以及反映他们生平事迹的传记，等等。在理解课文时，学生更多地参与到课堂中，作为讲解人的身份给大家分享自己所了解的见闻和想法，帮助自己和同学进一步地理解了课文后的题目。在此基础上，我通过《十六年前的回忆》这篇课文来总结阅读的方法，将阅读方法梳理出来，请学生通过举一反三的方法运用到自己想给大家展示的阅读材料当中，完善自己的展示PPT。

最终在讲完课文之后，根据小组依次展示自己小组负责的阅读内容，充分利用数字资源和信息化平台，引导学生提高语言理解与运用能力。分享阅读欣赏革命领袖、革命先烈创作的文学作品以及表现他们事迹的诗歌、小说、影视作品等，感受革命领袖、革命先烈伟大的精神世界和人格力量，认识生命的价值。运用讲述、评析等方式交流自己的情感体验。

四、总结

在教学过程中，为了实现让学生落实"双减"政策的目标，小学日常的教育教学和作业设计成为小学教师日常教学工作的重要内容。提高课堂效率，教师应将基础性作业融入课堂教学之中，让完成课堂教学的过程同时成为完成基础性作业的过程。

单元类作业是以单元为基本单位进行整体规划、设计、执行和评价的所有作业的集合。单元类作业设计遵循统一性、多样性和差异性原则。学生在完成单元类作业的过程中，突破了传统作业固定化的框架体系和碎片化的学习模式，发展思维，完善情感价值，形成核心素养。

> **本篇作者简介**
>
> 杨彤，北京市朝阳区垂杨柳中心小学劲松分校语文教师，2021年朝阳区优秀青年教师。开发的小学语文统编教材四年级下册《母鸡》《白鹅》两课，由教育部"统编教材深度宣传解读"——落实"铸魂工程"双师资源研发项目录用。
>
> 王圆梅，北京市朝阳区垂杨柳中心小学劲松分校语文教师，于2019年和2022年两次被评为朝阳区优秀青年教师、在第六届和第八届"未来精英"中被评为"优秀指导教师"。

在"千语"中"千寻",感受古人家国情怀
——《诗词曲五首》教学设计

诗词曲是中国古代文学宝库中的瑰宝,唐诗、宋词、元曲更标志着中国古代文学的辉煌成就。本课通过学习和吟诵,领会诗词曲的优美意境,深入感悟作者的家国情怀。

一、教学内容

《诗词曲五首》(统编版九年级语文下册第六单元第 24 课)

二、教学目标

(一)研读五篇作品,从中识辨诗词曲不同的体裁及其特点。

(二)理解诗词曲内容,熟读成诵,赏析并积累诗词曲名句。

(三)感受古人的家国情怀,体会他们的责任感和担当精神。

三、教学过程

(一)定向激活

纵观历史,不论是朝代的更迭,还是版图的扩大抑或是奋力地坚守,战争似乎无时不在。文化的长河中,古诗词曲里也多有战争的缩影,然而在这些诗词曲中,流露出了古人绵绵的情谊和浓浓的家国情怀、责任感和担当精神。今天我们学习一组与此有关的诗词曲,请同学们翻到第 24 课《诗词曲五首》。

(二)探究质疑

1. 自主学习活动一:千语诵读

这五首诗词曲中,令你最为感动的是哪一首?请你设计诵读,读给同学们听吧。

2. 合作探究活动二:千语概说

这五首诗词曲分别写了什么内容?请先个人思考,后小组内讨论,并用"既写了……，也写了……"句式，从不同角度或层次概说诗词曲内容。

提示句：既写了＿＿＿＿＿＿，也写了＿＿＿＿＿＿。

示例：《白雪歌送武判官归京》

既描绘了边塞雪景的美丽，也写了送别朋友的不舍与惆怅；

既写了惜别之情，也表现了边塞将士的豪迈精神；

既写了边塞苦寒的生活，也写了将士们的乐观情绪和爱国之情。

3. 合作探究活动三：千语千寻——景语PK

一切景语皆情语，诗词曲中的景物描写往往烘托、渲染、渗透着作者的情感。请从五首诗词曲中勾画出属于"景语"的句子，比较一下，你觉得哪首诗词曲的"景语"最传神？完善表格，先完成的小组，请将其粘在白板上。

作品	景语	赏析
《白雪歌送武判官归京》	忽如一夜春风来，千树万树梨花开	这一句想象奇特，比喻生动。"千树万树"写出边塞雪景的壮阔无垠和奇丽无比。"忽"写出作者的惊喜之情。景物描写中传达出身处苦寒边塞的作者的积极乐观之态
《十五从军征》		
《南乡子·登京口北固亭有怀》		
《山坡羊·潼关怀古》		
《过零丁洋》		

建构赏析步骤：先分析写景角度、手法，或者欣赏字词的妙处；再概括景物特点，分析其作用；最后点明景物描写中蕴含的情感。

4. 自主学习活动四：千语名刺

名刺——我国古代的名片，是标示姓名等基本信息的卡片，是互相认识、自

我介绍的快捷有效的方法。请同学们模仿示例,完成表格,为五首诗词曲分别拟写一个专属名刺。

作品	《白雪歌送武判官归京》	体裁	七言古诗、咏雪诗、边塞诗、送别诗、歌行体诗
主旨	这是一首咏雪诗,也是一首送别诗,以西北边塞的奇寒雪景为背景,以咏雪为主线,抒发了作者对友人的依依惜别之意和因友人返京而产生的惆怅之情			
备注	"歌行"是古诗的一种,多为七言,形式自由,一般多叙事。千百年来,一直被人们所喜爱并传诵,有"唐代边塞诗的压卷之作"的称誉			

预设:

作品	《南乡子·登京口北固亭有怀》	体裁	宋词、豪放词、咏史词、怀古词
主旨	作者通过对古代英雄人物的歌颂,表达了爱国、卫国的强烈感情			
备注	"南乡子"是词牌名,"登京口北固亭有怀"是题目			

(三)建构体验

1. 检测反馈:千语寻"眼"

(1)画龙点睛,再读诗词曲,每首诗词曲中点明主旨所在的"诗眼"各是哪一句?

预设:《十五从军征》——十五从军征,八十始得归。

(2)如果以诗词曲主旨来分类,可以给这五首作品建几个怎样的群?

预设:

分类建群:"同情百姓"群、"自我感怀"群;"吊古伤今"类、"叙事抒怀"类。

2. 分层提高:千语寻"类"

我们在初中阶段学过的诗词曲中,《使至塞上》《雁门太守行》《渔家傲·秋思》等都与战争有关。请把它们与《诗词曲五首》放在一起比读,可以从哪些角度分类建群?群成员有哪些?研究一下,这一类诗词曲有什么特征?

提示:可以从体裁、朝代、表达方式、抒发情感等方面建群。

(四)作业布置

创意编写:请同学们选取《诗词曲五首》中的一首,结合内容、手法、意境、情怀,创写一段《在"千语"中"千寻",感受古人家国情怀》。

四、板书设计

在"千语"中"千寻",感受古人家国情怀

《白雪歌送武判官归京》
《十五从军征》
《南乡子·登京口北固亭有怀》
《过零丁洋》
《山坡羊·潼关怀古》

战争 → 同情百姓 / 自我感怀 / 吊古伤今 / 叙事抒情 → 家国情怀

五、教学反思

整个教学设计,充分体现了对学生自主学习能力的培养,并有针对性地展开具体教学。在整个教学过程中,充分发挥了小组合作的优势,在小组讨论中分析问题并解决问题,理解诗词曲的景和情;利用制作海报 PK 的形式,激发学生的积极性;在交流讨论中感受作品背后的家国情怀。

本篇作者简介

于万杰,北京市大兴区永华实验学校语文教师,2018—2023 年大兴区语文学科带头人。2019 年连续四年获得大兴区教师基本功大赛一等奖。2021 年曾被评为大兴区教育系统"十佳青年教师",2022 年被认定大兴区"新国门"优秀青年人才。

深入理解文本　提升思维品质
——从两篇作品谈比较阅读教学设计

比较阅读，是指在确定的同一题目下，将内容或者形式上有一定关联的多个文本加以对比分析进行的阅读。在中学语文教学中采用比较阅读，有利于调动学生阅读的积极性和主动性，使学生更加深刻地理解文本内容，提高阅读效果。

比较阅读教学，是指教师指导学生对同一专题下的多个文本加以比较分析，并进行专门的研讨，进而提升学生阅读素养的一种教学方式。

下面以人教版高二年级语文必修五第一单元第一课《装在套子里的人》和第二课《林教头风雪山神庙》为例，进行单元比较阅读教学设计。

一、教学内容分析

本节课是在单篇阅读之后设计的比较阅读，通过两篇课文的比较阅读，能够更好地把握人物形象和主旨，提升学生的思辨能力。

二、学习目标

比较两篇作品在刻画人物形象方面的异同，进而把握主旨。

三、学习重点、难点

重点：分析两位"套中人"形象异同。

难点：把握"套中人"形象的意义，结合生活实际，探究"套子"现象。

四、学习活动设计

（一）环节一：探究林冲和别里科夫的人物形象异同

1. 教师活动1

（1）提出问题：林冲和别里科夫的相同点是什么？寻找相关细节进行佐证。

（2）相机引导点拨：

①社会层面都生活在压抑的社会环境中。

②性格层面都有忍受、逆来顺受的一面。

2．学生活动1

联系前两节课内容后作答。

活动意图：温故知新，为深入学习做铺垫。

3．教师活动2

（1）提出问题：同被"套子"束缚的二人有何不同点？寻找相关细节进行佐证。

相机引导点拨：

①"套子"特点不同：林冲的套子是"官逼民反"中的"官"，是懦弱求安的心理；别里科夫的套子是沙皇政府的法令，是潜藏的奴性心理。

②性格不同：林冲是"忍辱求安，愤而抗争"；别利科夫是"因循守旧，惧怕改革，维护现行秩序"。

③结局不同：林冲是"冲破'套子'，逼上梁山"，别利科夫是"深陷'套子'，走向死亡"。

（2）提出问题：为什么同为套中人，两个人的结局有如此大的差异？

（3）相机引导点拨：

"套子"特点不同，人物性格不同，所以结局必然不同。社会环境在很大程度上支配人物命运，但在很多具体情况下"性格决定命运"。

4．学生活动2

小组讨论完成。

活动意图：有助于全面把握人物形象和时代背景的差异，进而引出对主旨的分析。

（二）环节二：探究"套中人"形象的意义

1．教师活动3

（1）提出问题：林冲和别里科夫的人物命运反映出怎样的社会？

（2）相机引导点拨：

①《林》：最不可能造反的人终被逼上梁山的故事，深刻揭露封建社会"官逼民反"的黑暗现实；

②《套》：别里科夫这个"小人物"反映了19世纪末沙皇俄国专制统治的黑暗现实。

2. 学生活动3

讨论作答。

活动意图：加深对文章时代背景的了解，更深刻地理解人物形象对于表现主旨的作用。

（三）环节三：探讨"套子"的现实意义

1. 教师活动4

（1）提出问题：我们生活中也存在着"套子"，你能想到哪些"套子"？你是怎样看待这些"套子"的？

（2）引导学生思考并辩证理性看待现实生活中的"套子"现象。

2. 学生活动4

小组讨论。

活动意图：构建课本与现实生活的联系，培养学生理性批判能力，提升语言表达能力。

五、板书设计

"套子"特点→性格→结局

主旨

六、作业与拓展学习设计

以"解套"为题写一篇小小说，字数不限。

七、教学反思与改进

此次比较阅读的教学设计是对群文教学的一次尝试，旨在鼓励学生自主探究、合作研讨，通过比较阅读的方法，深入理解文本，提升思维品质，加深对社会人生的理解，得到审美的愉悦。

通过三个任务驱动式的学习活动，帮助学生抓住比较阅读的着力点，小切口深挖掘，避免了挤牙膏似的琐碎提问，同时在每个环节内都给予学生充分的自主阅读、彼此交流的时间。但是因为缺少时代背景和表现手法等资料的佐证，学生对人物的异同点理解浮于表面，对主旨理解更多是依赖老师的呈现式结论，所以课前应该给学生发放相关的补充资料,这样学生在思考具体问题时能够结合参考资料,更能走向深入思考。另外,在课堂活动中还可以加入人物典型语言的分角色朗读,引导学生学会从人物语言等多方面来分析人物性格。

本篇作者简介

康丽娜,中国人民大学附属中学第二分校语文教师,曾获得2007年海淀区教育系统"优秀青年教育工作者"及"优秀教师"、2020—2021学年度海淀区"优秀班主任"、2022年海淀区"优秀'四有'教师"荣誉称号。

临古迹　思故人　怀古事　抒己志
——《念奴娇·赤壁怀古》教学设计

《念奴娇·赤壁怀古》是苏轼的代表作，也是豪放词作中的名篇，全词通过登临赤壁古战场，回忆三国风流人物，抒发了作者怀古伤今、功业未就以及乐观旷达的情怀。

以林语堂对苏轼的评价作为导入，通过朗读，体味上阕意境之壮阔雄浑；通过对下阕周瑜"风流"形象之深层解读，探究作品人物形象与历史人物形象的矛盾，作品人物与历史人物的时空错位，揭示苏轼所向往的豪杰风流与智者风流之梦，以及对建功立业之渴望；通过苏轼的理想与现实对比，理解苏轼矛盾的心理及乐观旷达的人生态度。把握该词临古迹——思故人——怀古事——抒己志的思路，在词的创作中渗透进了豪放的风格。

一、导入

苏轼的《赤壁赋》同样是在黄州赤壁，同样是壬戌七月，同样写失意情怀，本篇他用另一种体裁——词，写了一篇名作《念奴娇·赤壁怀古》。

二、走近苏轼

1082年，年近半百的苏轼来到赤壁，站在矶头，望着滚滚东去的江水，想起古代英雄事迹和自己平生功业，感慨万千，便写下这首千古名作。

三、走进作品

（一）文题解读

念奴娇，词牌名。赤壁，登临之地。怀古，诗歌题材。怀古词是以历史事件、历史人物、历史事件发生地为题材，借登高望远、咏叹史实、怀念古迹来达到感慨兴衰、寄托哀思、托古讽今等目的。

（二）赤壁之景

1. 站在赤壁之上，作者看到了怎样的景象？用了什么手法？写出了怎样的特点？

"乱"写出了岩石之险怪；"穿"写出了山崖直插云霄之高峻；"惊"字写出了怒涛的气势，犹如一匹受惊之马，横冲直撞；"拍"写出了浪涛汹涌、搏击江岸之有力；"卷"写出了浪涛翻滚力量之浩大；"雪"写出了浪花之汹涌。

这三句分别运用了夸张、比拟、比喻等修辞手法，从正面描写赤壁江山的胜景，形、声、色俱全，勾勒出雄奇壮丽的如画江山。

2. 你认为哪个词最符合周瑜在苏轼眼中的形象？

（三）解读"风流"

"风流"：或指文采风流；或指艺术效果；或指才智超凡，品格卓尔不群；或指高雅正派，风格温文；或与潇洒对称。所指虽然丰富，但是大体是指称才华出众、不拘礼法、我行我素、放荡不羁，当然也包括在与异性情感方面不受世俗约束。

（四）寻找"风流"

1. 你从词中哪些地方看出了周瑜的"风流"？

（1）初嫁

"初嫁"比"出嫁"在英雄美人的基础上，多了"新婚宴尔"的内涵，因而就使文本多了一分爱情浪漫、家庭幸福的气氛，足以衬托周瑜之"风流"。同时，突出了周瑜春风得意，少年成名，事业、爱情双丰收。

（2）雄姿英发

"雄姿"是指威武雄壮，"英发"是指才华外露、神采焕发，写出周瑜威武雄壮、才华外露的英雄豪杰的一面。

（3）羽扇纶巾，谈笑间，樯橹灰飞烟灭

"羽扇纶巾"，手摇羽扇、头戴青丝头巾是儒将装束，表现他有勇也有谋，能武也能文的一面。

"谈笑间，樯橹灰飞烟灭"写出周瑜在谈笑之间，轻而易举将敌军击退，这种有才华的、轻松的、胸有成竹的形象充满了"风流"之感。

综上，苏轼用"风流"来形容周瑜如此顺理成章：在苏轼的笔下，周郎兼具"豪杰风流"与"智者风流"，甚至还掺入一点儿名士风流的意味，把严峻的政治

军事功业与人生幸福结合了起来。

（五）真名士，自"风流"

1. 了解历史，我们发现，真实的周瑜并非词中所写，为什么苏轼把他塑造得如此完美？

羽扇纶巾的儒生形象，美人在怀的浪漫爱情，指点江山的气定神闲，这些特质都与苏轼本人更加贴近。真正风流的人其实是苏轼，作者笔下"风流"的周瑜，实则是一个富于苏轼气质的周瑜，是苏轼理想中的自己。

2. 苏轼的理想与现实

周郎：三十四岁、小乔初嫁、英俊儒雅、功成名就

苏轼：四十五岁、屡遭不幸、早生华发、壮志难酬、年老无为

苏轼经历乌台诗案后，被贬黄州，担任团练副使，身份类似于犯官，温饱成了问题，更谈何人生理想？当个人事业与理想变得遥不可及时，苏轼索性幻化出一个理想的自己——一个带着苏轼气质的周瑜，一个"风流"的周瑜。此番塑造，将周瑜的形象升华成一个理想化的周瑜。表面上，越是把周瑜理想化，就越是远离现实中落魄的苏轼。

（六）走向豁达

1. 当人生理想与现实发生巨大的矛盾冲突时，作者发出了怎样的感叹？

故国神游，多情应笑我，早生华发。

2. 对于"多情"的理解，在课本上注解为"多愁善感"，较为模糊，你觉得该如何理解？

"多情"是指作者渴望成为像周瑜一样的英雄豪杰，渴望施展才华，功成名就，奈何自己却身老黄州，根本无法实现英雄梦。

3. 对于"人生如梦，一尊还酹江月"历来有两种理解：一种是此时苏轼善于自我解脱，自我安慰，比较达观；另一种是此时的苏轼有些消沉，愤懑无法排解，只好寄情于山水。

四、课堂小结

这首词景、史、情浑然一体，围绕临古迹——思故人——怀古事——抒己志的思路，抒发了作者缅怀英雄、怀古伤今、功业未就以及乐观旷达的情怀。

词自晚唐五代，以清切婉丽为宗，苏轼一改前人风气，突破了词律，拓宽了

词的内容，以诗入词、以文入词，在词的创作中渗透进了豪放的风格。

本篇作者简介

贺国卿，中国人民大学附属中学经开学校校长助理、语文教师，中央教科所传统文化教研员，中国教育学会语文研究会会员，曾荣获2007年全国语文比赛一等奖。

聚焦"理法"融合　发展运算能力
——《9加几》教学设计

《9加几》是一年级上册《加法和减法（二）》的第一课。在此之前，学生已经学习了"认识11～20各数"……学生通过本课的学习，为后续学习加减法打好基础，进一步感悟数与算的一致性。

一、教学内容

本课是北京版一年级数学上册第九单元《加法和减法（二）》第一课时的内容。

二、教学目标

（一）掌握9加几的口算方法，能正确口算，理解"凑十法"。

（二）在操作、交流活动中，体会算法的多样性，感受"十"在计算中的重要性，培养运算能力。

（三）主动参与数学活动，获得成功的体验，初步养成讲道理、有条理的思维品质。

三、教学过程

（一）定向激活

1. 复习导入，激活经验

$$10+（\quad）=（\quad）$$

设计意图：基于大单元视角，在"认识11～20各数"单元的学习中，学生亲身体验到在数数时，先数整捆，满10根捆1捆的方便。通过10加几的口算，激活学生原有经验，经历由未知到已知的过程，聚焦计数单位理解"凑十法"。

2. 创设情境，发现并提出问题

（1）激发学生发现并提出问题

（2）预设：$9+4=13$　$4+9=13$

（3）关注加法结构

3. 解决问题，聚焦目标

$$9+4=$$

（二）探究质疑

1. 自主学习活动一

明确任务，独立思考

(1) 理解任务

(2) 活动效果预设：

1、2、3、4……13

10、11、12、13

"圈十法"

10＋4＝14　　14－1＝13　　9＋1＝10　　10＋3＝13

2. 合作探究活动二

交流互动，理解算理

(1) 展示学习进程，关注不同层次学生——数数的方法

①9、10、11、12、13。

②10、11、12、13。

③追问并及时评价：你更欣赏哪种数法？说一说你欣赏的理由。

④预设：从10数的方法，因为这样数快。

⑤板书"数"字。

(2) 展示学习进程，关注不同层次学生——假设法

①10＋4＝14　14－1＝13

②追问并及时评价：为什么把9看成10？

③预设：看成10以后好算。

④板书：假设法

(3) 展示学习进程，关注不同层次学生——"圈十法"

①学生上台展示

②追问并及时评价：为什么把10个圈在一起？

③预设：这样我们就可以一眼看出是13。

(4) 沟通联系，感悟"凑十法"

①同学们观察这些方法都不一样，有什么相同的地方吗？

②预设：都是先把9凑成10。

③质疑：为什么要把9凑成10？

④预设：我们以前学过10加几的题，10加几就得十几。如果我们将9凑成10，就转换成了10加几的题目，变得好算了！

⑤追问：将9凑成10需要几？

⑥预设：1

⑦追问："1"分别在哪儿？10＋3中的"3"分别在哪里？大家想办法凑得"10"又分别在哪里？请指一指。

⑧依托具体情境表达算理。

⑨根据凑十过程特点，起名字。

⑩聚焦计数单位，抽象概括。

设计意图：创设和谐氛围，尊重不同学生特点。抓住生长点，由生活到数学，由实物到小棒，由小棒到计数单位逐渐抽象，和学生一起经历了凑十的过程，让学生看得见、摸得着。

（三）建构体验

1. 检测反馈（如图1、2）

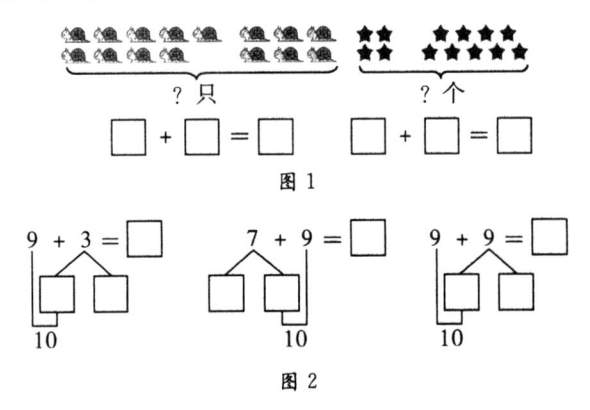

图1

图2

2. 分层提高（如图3）

图3

(1) 你发现了什么?

(2) 感悟规律

设计意图:图1重在依托实物圈画,给学生一个脚手架回顾凑十过程。图2抽象成枝形图,让学生在头脑中思考,将"凑十法"进行内化。图3引导学生发现9加几所得的结果十位上都是1,个位上的数比加数少1,并交流其原因。将9加几的算法与算理自主融合。

3. 全课小结,引发质疑

(1) 激发回顾,全课小结。

(2) 针对学习的内容,你还有其他问题吗?

(四)作业布置

你觉得用"凑十法"还能计算哪些题目?说给你的家人听。

四、板书设计(如图4)

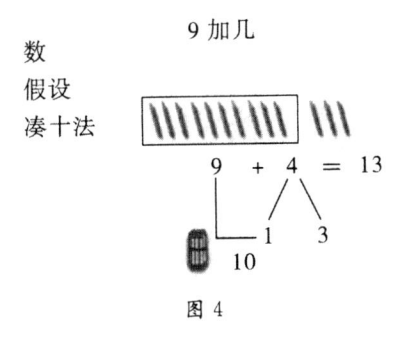

9 加几

数
假设
凑十法

$9 + 4 = 13$

图 4

五、教学反思

《义务教育数学课程标准(2022年版)》指出:"运算能力主要是指根据法则和运算律进行正确运算的能力。能够明晰运算的对象和意义,理解算法与算理之间的关系;能够理解运算的问题,选择合理简洁的运算策略解决问题;能够通过运算促进数学推理能力的发展。运算能力有助于形成规范化思考问题的品质,养成一丝不苟、严谨求实的科学态度。"

本节课,教师尊重学生的已有认知经验,给学生机会让他们交流不同的算法。交流过程中,提倡学生运用不同的方法计算,使每个学生都获得成功体验。同时教师也有意识地设计活动让学生的注意力集中到"凑十法"上来。通过动手操作、合作交流等方式,让学生在活动中经历"凑十"的过程,理解"凑十法"。

最后引导学生发现"9加几"的口算规律，进行进一步提升，"9加几"所得的结果十位上都是1，个位上的数比加数少1，经历由未知到已知的过程。

学生再计算"9加几"时慢慢形成了"计算自动化"，储存在记忆中。这时，算法已经脱胎于算理。慢慢地，学生在头脑中构建了一个"数学事实库"，继而完成从构建事实到提出事实的转化。

本篇作者简介

魏小兰，北京市大兴区永华实验学校数学教师，备课组长，教研组长，大兴区数学学科带头人，吴正宪工作站大兴分站成员。2018年被评为大兴区数学骨干教师，2021年被评为大兴区数学学科带头人。2021年获大兴区"卓越杯"课堂展示一等奖。

内化知识　形成能力
——《分数的初识》教学设计

分数对于学生来说是全新的知识，学生正确理解分数的意义存在一定的困难。在《分数的初步认识》一课的教学中，怎样将全新的知识内化为学生自身的知识并形成数学能力非常重要。

一、教学内容

北京版（2015）数学三年级下册《六　分数的初步认识》第一课时。

二、教学目标

（一）结合具体情境，初步认识分数。能读写简单的分数，知道几分之几里面有几个几分之一，会比较分母相同的分数的大小。

（二）通过折一折、涂一涂、比一比的方法来认识分数，初步感悟分数所表示的是部分与整体之间的关系，从而获得基本的数学活动经验。

（三）初步理解分数在生活中的应用，感受数学与生活的密切联系。

三、教学重难点

初步理解分数的意义。

四、教学过程

（一）引入新课

同学们，大家有过分东西的经验吗？你和家长或小朋友们一起分过什么物品？看来同学们都有过分东西的经验，今天这节课我们就从分月饼开始学习。

（二）认识 $\frac{1}{2}$

1. 出示分月饼图。把 4 块月饼平均分给 2 个小朋友，每人得几块？你是怎样分的？（学生演示分月饼过程，记作"2 块"。）

把2块月饼平均分给2个小朋友,每人得几块?你是怎样分的?把1块月饼平均分给2个小朋友,每人得几块?(半块)半块在数学上怎样表示呢?不急,每人都会有自己的想法,现在用你喜欢的方式表示出你心目中的半块。(学生动手在学习单上表示出自己心中的半块。教师巡视,把学生表示方式写在黑板上,让设计者说说自己的想法。)

同学们真有创意!这些都是同学们想出的半块月饼的表示方法,有用图的,有用文字的,有用符号的。那么老师的问题是:在这么多的表示方法中,有没有一种统一的大家都认可的表示方法呢?$\frac{1}{2}$这样的表示方法你见过吗?对它有哪些了解?这样的表示方法也是一种数,它叫分数。是在整数不能表示结果时创造出来的,是数学家族中的一员。(教师板书"分数")

那你能说说$\frac{1}{2}$表示什么意思吗?把1块月饼平均分成2份,谁来分一分?每人得到多少呢?(半块)可以说是每人得到$\frac{1}{2}$块月饼,还可以怎么说呢?把1块月饼平均分成2份,每人得到这块月饼的一半,一半就是这块月饼的$\frac{1}{2}$。谁能说说$\frac{1}{2}$是什么意思,2表示什么,1表示什么?(教师介绍分子、分母、分数线)

2. 同学们,我们刚刚认识了一块月饼的$\frac{1}{2}$,你能找到这张纸的$\frac{1}{2}$吗?并用阴影表示出来。(学生动手操作,教师巡视。学生折完以后,同桌互相交流)

3. 你是怎样得到这张纸的$\frac{1}{2}$的?举起你的作品,让大家看看你折的是这张纸的$\frac{1}{2}$吗?(展示三种不同的折法)

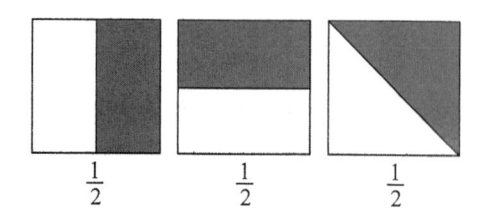

4. 为什么折法不同阴影部分都表示这张纸的$\frac{1}{2}$?(都是平均分成了2份,阴影是其中的一份)

（三）感知分数单位和度量

1. 学习了 $\frac{1}{2}$，你还想学习几分之一？你能找到这张正方形纸的 $\frac{1}{4}$ 吗？看看谁的方法与众不同。（学生动手操作，教师巡视）找到后和同桌交流，你是怎样找到这张纸的 $\frac{1}{4}$ 的？汇报交流：说说你的 $\frac{1}{4}$ 是怎么来的。

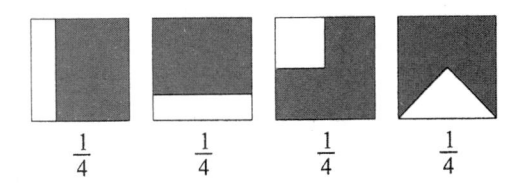

$\frac{1}{4}$　　$\frac{1}{4}$　　$\frac{1}{4}$　　$\frac{1}{4}$

2. 根据这张正方形纸，你还能创造出其他分数吗？$\frac{2}{4}$，$\frac{3}{4}$，$\frac{4}{4}$。

3. 将不同的分数贴在黑板上观察，你有什么发现？（如果出现 $\frac{4}{4}=1$，教师帮助学生建立分数与整数是有关系的这一意识。）

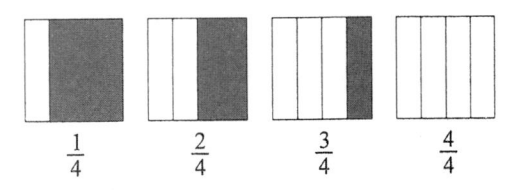

$\frac{1}{4}$　　$\frac{2}{4}$　　$\frac{3}{4}$　　$\frac{4}{4}$

$\frac{2}{4}$ 里有几个 $\frac{1}{4}$，$\frac{3}{4}$ 里有几个 $\frac{1}{4}$，$\frac{4}{4}$ 里有几个 $\frac{1}{4}$？这几个分数当中谁最重要？（$\frac{1}{4}$）（学生初步感受用 $\frac{1}{4}$ 这个分数单位去度量分数）

（四）进一步理解分数的意义

学到这儿，你对分数有点儿感觉了吗？谁能说说什么是分数？像 $\frac{1}{4}$，$\frac{1}{2}$，$\frac{3}{4}$……这样的数就是分数。你还能举出一些例子吗？说一说：你举的这些分数是什么意思？看来分数有很多，说也说不完。

（五）数学文化

其实分数在很早以前就产生了，下面让我们了解一下有关分数的历史吧！

（六）巩固练习

我们认识了分数，也知道了分数的一些历史。看看老师出示的这些图形，阴影部分能用分数表示吗？说一说理由。通过今天的学习，你有什么收获？

板书设计：

分数的初步认识

学生 $\frac{1}{2}$ 作品　　　　学生 $\frac{(\ )}{4}$ 作品

五、作业设计

给爸爸妈妈讲一个（　　）/（　　）的故事。

六、课后反思

本节课充分体现了尊重学生的认知经验，从学生的生活引入，感受数学来源于生活。借助学生熟悉的生活引出分数，从具体的事物抽象出数学符号，使学生体会到分数来源于生活，让学生用自己喜欢的方式表示半个，新颖独特，妙趣横生，体现了在学生原有生活经验和认知的基础上进行学习的建构主义教学理念。借助动手操作折出纸的 $\frac{1}{2}$，来培养学生的创新意识；在创新意识的培养中进而让学生初步理解 $\frac{1}{2}$ 的含义，强化对 $\frac{1}{2}$ 含义的理解。通过创造出四分之几的分数，让学生进一步理解分数的含义，同时认识分数单位及每一个分数都是由相同的分数单位累积而成的，初步培养学生分数的度量意识。通过动手操作、汇报交流、生生质疑对二分之一、四分之几的理解后，让学生再说一说什么是分数，这些分数是什么意思，梳理知识、巩固对分数意义的理解。

借助数学文化，让学生了解分数历史的同时，让学生感受到中国数学文化的悠久历史，加强对学生传统文化的教育，培养学生的爱国情怀。

本节课结束前，教师通过"通过今天的学习，你有什么收获？"来加强对本节课知识的内化与巩固，同时梳理回顾本节课知识技能、过程方法、情感态度三方面的收获。

本篇作者简介

杨霞，北京市大兴区庞各庄镇第一中心小学副校长，高级教师。2018至2020年连续三年被评为大兴区优秀教学干部、2020年被评为协作区先进个人荣誉称号。

培养空间概念 提升数学能力
——《平行与垂直》教学设计

数学课程，要培养学生的空间观念、几何直观等核心素养，小学数学侧重对经验的感悟。空间观念的培养有助于学生理解现实生活中空间物体的形态与结构，是学生形成空间想象力的经验基础。几何直观有助于学生把握问题的本质，明晰思维的路径。这些能力对提升小学数学教学有着直接影响。

本文以人教版数学教材四年级上册第五单元《平行四边形和梯形》第一课时《平行与垂直》为例，在教学中以分类为主线展开活动，学生通过想一想、画一画、分一分等多种形式进行观察、思考。帮助学生理解概念，培养其空间观念和几何直观，在学习过程中提升自己的能力。

教学中，教师要充分认识到小学数学培养核心素养的必要性。数学核心素养主要是学生在学习数学期间某一个领域的综合性能力培养，由于受"双减"政策和疫情的影响，学生更需要培养一些综合能力以应对课堂学习和居家学习，让学生有所可依，有所可想。教师要重视新课程背景下小学数学核心素养能力的培养，从核心素养角度进行小学数学教学设计。通过教学设计，让学生准确掌握数学知识与技能，培养学生的空间观念、几何直观。

一、教学理念

《平行与垂直》属于图形与几何领域"图形的认识与测量"。"图形的认识与测量"主要是对图形的抽象，学生经历从实物抽象出几何图形的过程，认识图形的特征，感悟点、线、面、体的关系，积累观察和思考的经验，逐步形成空间观念。

二、学情分析

《平行与垂直》是在学生认识了线段、射线、直线和角等概念的基础上教学的。平行与垂直是同一平面内两条直线的两种特殊的位置关系，是学生今后学习认识平行四边形、梯形以及长方体、正方体等几何图形知识的基础。

三、教学目标

借助哪些直观方式帮助学生对核心概念平行和垂直进行理解？如何培养空间观念和几何直观的核心素养？

通过画一画、观察、分类、讨论、比较等多种活动，帮助学生体会在同一平面内两条直线的位置关系有相交和不相交两种情况，并在此基础上帮助学生建立平行与垂直的表象，引导学生建构平行和垂直的概念，培养学生的空间观念和几何直观。

四、教学方式

主要以 PPT 课件、动画、图片的方式进行教学。

五、教学过程

本节课以学生已有的生活经验和知识为基础，以《义务教育数学课程标准（2022年版）》的新理念为指导，主要设置了以下四个环节进行教学：

（一）创设情境，激发兴趣

学生发挥自己的想象力，先想象有一条直线，无限延伸，又出现一条直线，也不断延伸，两条直线都可以动。想象中两条直线的位置是什么样的？

（二）相互合作，探究新知

1. 展示各种情况

学生画一画，小组内讨论、交流，教师有针对性地展示各种情况。

2. 进行分类，理解相交

两条线交叉，有一个交点称为相交。

教师抛出问题："这两条直线相交吗？如果相交，交点会在哪里？"在问题的引领下，给学生充分的思考时间，培养学生的空间观念。

3. 认识平行关系，揭示平行的概念

（1）出示不相交的一类，教师抛出问题："真的不会相交吗？无限延长，会不会相交呢？"

学生通过想象，结合动画演示，通过问题"如果把直线 a 和 b 放到魔方的不同边上，你觉得这两条直线还平行吗？继续旋转还平行吗？为什么？"再进一步理解"在同一平面""互相平行"又是什么意思呢？规范读写：$a // b$。

（2）通过学生质疑、教师解惑这样一个过程，自主探究活动，理解平行的关系。

4. 认识垂直关系，揭示垂直的概念

（1）出示互相垂直的两条直线，教师追问："你是怎么知道它们相交后形成四个直角呢？"

（2）学生可以通过量一量进行验证。如果两条直线相交成直角，我们就说这两条直线互相垂直。

（三）分层练习，感受生活中的数学

1. 通过发现生活中垂直与平行的现象，加深学生对平行与垂直的认识，让学生感到数学与我们生活的密切关系。

2. 设计习题"通过今天所学知识，你对长方形有什么新的认识？"启迪学生思维，进一步培养学生的探究意识和空间观念。

（四）总结延伸，设计作业

学生自主回顾这节课所学的知识与收获。

布置作业："你能运用今天所学的知识设计一栋建筑物吗？"

既有利于学生巩固新知，内化新知，又培养了学生的核心素养，还保证了教学质量，提高教学效率。

六、结语

综上所述，新课程标准背景下培养学生核心素养的过程中，教师应不断完善课堂教学设计的模式，改善课堂教学手段，将教学内容和学生生活紧密联系在一起，引发学生对生活的关注，提升学生学习数学知识的能力，培养学生的空间观念、几何直观，从而有效提高学生的数学核心素养。

本篇作者简介

刘蕾，北京市朝阳区垂杨柳中心小学劲松分校数学教师，朝阳区优秀青年教师。论文《简述小学数学教学中学生数学思维的培养》荣获全国高师数学教育研究会小教培训工作委员会第二十三届优秀论文评比一等奖。在首届"朝阳杯"中小学教师基本功培训与展示活动荣获小学数学学科解题讲题项目二等奖。

孔祥情，北京市朝阳区垂杨柳中心小学劲松分校数学教师，朝阳区优秀青年教师。论文《基于思维导图的应用与提高学生自主学习能力》荣获全国第十届自主教育峰会北京论坛论文评比二等奖，课程成果《"数"尽其能》被选用为"朝阳区首届优秀课后服务课程资源"。

优化教学策略 提高复习效率
——高三数学函数综合复习题/试卷讲评课

试卷讲评课是中学数学教学的一种重要课型。上好试卷讲评课，对学生巩固基础知识、掌握解题技巧、规范解题、纠正错题、培养创新思维、提高解决问题的能力，具有特殊重要性。

函数是高三数学的重要知识点，也是高考数学的重点内容之一。以基本函数为背景的综合题和应用题，是近年来高考命题的新趋势。为了让学生更好地理解和掌握函数知识，笔者对函数综合复习题/试卷讲评课进行了设计。

一、教学内容分析

高中阶段，函数主要围绕以下几个主题展开：理解一般的函数概念，学会研究函数的性质；掌握一批具体函数模型（函数类）；了解函数应用问题，学会运用函数解决这些问题；掌握研究函数的思想方法；通过函数的学习和应用，提升数学学科核心素养。高三函数的学习更加着重于掌握研究函数的思想方法，从而达到提升数学学科核心素养的目的。

二、学情分析

（一）学习基础

学生经过高中阶段近三年的数学学习，运算能力和逻辑思维能力有了很大提高，对数学学科产生了浓厚的学习情感，愿意体会思考带来的乐趣。

（二）学习困难

学生进行完函数第一轮复习后，知识处于较为零散状态，在面对某些综合的函数问题时，准确理解、翻译题干，并且寻找解决问题的突破点时，对他们来说有比较大的困难。同时面对复杂的知识，还不能通过较长逻辑链的分析找到合适的解决策略。

（三）解决策略

从函数模型入手，通过学生自主探索寻找解决问题的关键点，在学生自主提出问题后，对整个高中学习的函数知识进行梳理，整理出函数学习知识结构图，然后通过对熟悉的问题的再研究，回顾函数学习关键点。最后，作为一节试卷讲评课，温故而知新，师生对函数内容进行回顾与展望。

三、学习目标

（一）在寻找解决函数问题的关键点中，发现函数各个性质之间的联系，尝试对函数知识脉络相关内容进行分类整理，固化所形成的知识结构。

（二）基于对新题目的再研究，尝试解决较复杂的函数综合问题。在这个过程中反思、提炼不同方法背后蕴含的思维方法，如何看待一个函数，如何寻找破题点，如何步步推进，发展逻辑推理、数学运算的数学核心素养。

（三）通过教师的引领，完善对函数的再认识，形成对函数综合问题的解决办法。

四、学习活动设计

教师活动	学生活动
环节一：情境引入　学生作业展示	
教师活动1 提出问题1：函数学习中重要的思考方法—— 提出问题2：看到与函数相关问题的思考方法——	学生活动1 根据同学的思维导图，提出自己的想法，对思维导图进行补充完善。 学生补充：再加入函数的基本研究模型，如：基本初等函数、多个函数之和（差）、多个函数之积（商）、复合函数、抽象函数、分段函数、几何和代数（数形结合），突出图像在函数研究中的重要地位。 翻译问题——转化问题——解决问题的方法梳理（思维导图的作用）
活动意图：通过教师的引导，以函数图像作为依托发现所学过的函数的相关问题	
环节二：	

续表

教师活动 2	学生活动 2
1. 2022年海淀区高三一模第13题： 13. 已知函数 $f(x)=\dfrac{\cos\pi x}{x^2+1}$，给出下列四个结论：① $f(x)$ 是偶函数；② $f(x)$ 有无数个零点；③ $f(x)$ 的最小值为 $-\dfrac{1}{2}$；④ $f(x)$ 的最大值为1。其中，所有正确结论的序号为_____。 2. 2022年海淀区高三一模第19题： 19. 已知函数 $f(x)=p^x(ax^2-x+1)$：（Ⅰ）求曲线 $y=f(x)$ 在点 $[0, f(0)]$ 处的切线的方程；（Ⅱ）若函数 $f(x)$ 在 $x=0$ 处取得极大值，求 a 的取值范围；（Ⅲ）若函数 $f(x)$ 存在最小值，直接写出 a 的取值范围。 提出问题1：通过函数题目看到了哪些函数及其模型？ 提出问题2：通过函数题目发现三个函数有共同特征吗？如果有，是什么？ 提出问题3：题目还考查了函数的哪些性质？	学生回答：看到了指数函数、三角函数、二次函数，看到了两个函数做除法和乘法 学生回答：都有渐近线，因为指数函数和对数函数有渐近线，函数做除法也有渐近线 学生回答：值域（最值），零点，奇偶性
活动意图：1. 通过走近三个具体的函数题目，建立学生解决函数问题的大局观、全局观。 2. 通过翻译题目，帮助学生寻找解决问题的关键点。 3. 树立学生解决函数综合问题的信心。	

环节三：

教师活动 3	学生活动 3
2022年海淀区高三一模第13题： 13. 已知函数 $f(x)=\dfrac{\cos\pi x}{x^2+1}$，给出下列四个结论：① $f(x)$ 是偶函数；② $f(x)$ 有无数个零点；③ $f(x)$ 的最小值为 $-\dfrac{1}{2}$；④ $f(x)$ 的最大值为1。其中，所有正确结论的序号为_____。 提出问题1：函数的奇偶性如何判断？ 提出问题2：什么是函数的零点？如何去寻找函数的零点？书写函数零点需要注意什么？ 提出问题3：如何去寻找函数的最值？此题的最小值确定遇到什么困难？如何解决？能否尝试画出函数图像？ 提出问题4：两个函数做乘积和两个函数做除法在解决函数值域（最值）问题上相似之处有哪些？"存在最小值"代表的具体意义是什么？	学生回答：用定义＋用奇偶性定义的相关推论 学生回答：函数图像与x轴的交点为函数的零点，令函数值为零可以寻找函数的零点，零点只需要书写横坐标 学生回答：利用每个函数函数值的变化及其除法综合来判断，翻译最值——最大值或最小值，体现在函数图像中也是使导函数为0的点 学生回答：分别看函数值的变化趋势，再利用乘法和除法结合来看
活动意图：学会翻译问题，寻找解决函数综合性问题的路径。	

五、课后作业

高三上册期中、期末与函数相关的题目，并结合函数思维导图体会出题者设计意图，寻找解决问题的方法。

六、教学反思与改进

教学的意义在于"教会学生学习"，如何教会学生在考场上有限的时间内展示出自己的所学，一直是高三教师需要思考的问题。

本篇作者简介

秦薇，中国人民大学附属中学第二分校数学教师，2022年获海淀区优秀"四有"教师；2022年获海淀区教育系统"三八"红旗手；2016年和2021年获海淀区教育系统优秀共产党员；2016－2018年被评为海淀区区级骨干教师；2013年获海淀区"师德之星"。

创设生活情境　激发活动兴趣
——《Unit 4 Food Lesson 1》词汇教学设计

本课为人教版英语（一年级起点）一年级下册《Unit 4 Food Lesson 1》词汇教学。本单元的话题为 Food，主要谈论在一家人一起吃饭的情境中表达自己所需要的食物。我的分析是本单元的内容贴近学生生活，活动设计多样，歌谣、歌曲、游戏、故事等活动符合一年级学生心理特点和学习习惯。本单元的主题意义为：通过本单元学习，能关注到水果、蔬菜是有益健康的食物。在生活饮食中，能有意识地多吃蔬菜和水果。

由此，我在教学设计中，做了如下尝试：

一、优化教材，再现生活真实情境

生活是语言最好的老师，环境是最佳的助手。学习语言一定要有语言环境才能学得好。因此，教师要挖掘教材中的情境因素，再现真实的生活情境。没有英语环境，教师就要刻意创造英语环境。要淡化课堂意识，根据教材内容设计生活语境。例如：在本课教学中，我创设了主人公 Binbin 过生日，全家一起庆生吃饭的情境，让学生在熟悉的环境中了解 Binbin 一家人喜欢吃的食物。同时，根据情境的设定，制作新的听力语篇，让学生在熟悉的生活环境中进行英语的整体输入、整体感知、整体学习，使学生仿佛参与到 Binbin 的生日聚餐中来，参与性很强，使严肃的课堂变成了生动活泼的英语交际场所。这样，给学生增添了无穷的乐趣，让他们在愉快的氛围中，在英语的环境中学习英语、掌握英语。

二、组织符合学生生活经验的活动、游戏，激发兴趣

英语游戏的运用要适宜小学生的年龄特点和学习水平，充分体现英语教学的特色。教师在设计游戏时，一定要考虑学习者的年龄特征和现有英语水平、教学环境等因素，保证所设计的游戏无论从难易程度还是形式和方法都适合学习者。

首先，游戏的难易程度一定要适宜，太难的游戏多数学生做不了，会挫伤学生的积极性；太容易了又不能激发兴趣。例如：在本课的操练环节，我设计了

"切水果"的游戏，学生一边动手一起切水果，一边巩固认读本课所学词汇。还设计了"趣味卡片"的游戏活动，让学生两人一组，互相抽取卡片，并利用旧知句型 Do you like…? Yes, I do./No, I don't. 进行相互交流，使学生张得开口、有话可说，人人得到了练习，又提高了学习积极性，活跃了气氛。同时，在输出环节，我通过课前访谈，在结合了学生生活经验的同时，创设学生来到他们最熟悉的"超市"来购买食物的生活化活动，让学生在熟悉的环境中利用旧知 I like…操练本课新词汇，在产生共情的同时进行知识的迁移创新。

三、创设情境，自然启发，辅助思维能力培养

思维品质指人的思维个性特征，反映学生在理解、分析、比较、推断、批判、评价、创造等方面的层次和水平。思维品质的提升有助于学生学会发现问题、分析问题和解决问题，对食物做出正确的价值判断。例如：在本课教学中，我希望引导学生了解到摄入适量的蔬菜、水果，饮食均衡能让身体更健康。由此，我通过创设符合学生生活实际的问题情境，对比了两个小男孩 Mike 和 Tom 喜欢的食物，由学生自主观察两个男孩的饮食及展现出来的身体状况，让学生的认知产生冲突。当认知产生了冲突，就本能地产生了学习需要，从而激起学生的求知欲和好奇心，使思维处于一种积极的状态。学生通过自己观察、与同伴交流，发现了 Tom 饮食中的问题给他带来的不健康的影响，从而得出结论——要饮食均衡，蔬菜和水果对身体是有益的。

综上所述，在本课教学中，整堂课的学习气氛活跃，我和学生共同享受课堂、享受学习的乐趣，让学生在玩中学，在学中用。设计灵活多样的英语游戏活动，将英语教学游戏化、生活化，寓教于乐，让学生在愉快的情感体验中学习，从而提高英语学习效率。总之，教师在英语教学中要努力创设与学生生活息息相关的生活情境，要充分利用能影响学生学习效果的积极情感因素，培养学生的学习兴趣和思维能力。

本篇作者简介

张思雅，北京市海淀区中关村一小怀柔分校英语教师，2021年获怀柔区第三届"京教杯"青年教师教学基本功培训和展示活动一等奖。2021年荣获怀柔区小学教师课堂教学竞赛二等奖。2022年在北京市中小幼第三届京教杯青年教师基本功和展示活动中获三等奖。

学会健康生活，从"合理膳食"做起
——《合理膳食和食品安全》教学设计

《合理膳食和食品安全》是北京版生物学教材七年级上册第四章第三节的内容。本节课与学生的生活密切相关，对学生的健康生活有着很重要的意义，能帮助学生认识合理膳食的重要性，并自觉地把膳食原则运用到实际生活当中，从而养成良好的饮食习惯。

一、教学内容

《合理膳食和食品安全》

二、教学目标

（一）知识目标

1. 学生通过分析自己的午餐，能说出食物中主要营养物质的种类。
2. 学生通过自主阅读，能简述各种营养物质的主要作用。
3. 学生通过小组合作，能说出均衡膳食的各类营养比例。

（二）能力目标

通过评价自身营养状况，获得运用观察、分析、对比等方法解决问题的能力。

（三）情感、态度、价值观目标

1. 认同一日三餐定时、定量、不偏食、讲卫生的重要性。
2. 树立健康的饮食观念，践行健康的生活方式。

三、教学过程

（一）定向激活

1. 创设情境

教师介绍每年的9月1日是我国的"全民健康生活方式日"，展示近几年的活动主题，让学生意识到健康的生活方式不仅有益于个人身体健康，也是社会关注的热点问题，继而引入本节课主题：学会健康生活要从"合理膳食"做起。

2. 认定目标

师生共同认定学习目标。

（二）探究质疑

1. 自主学习

教师先展示 10 张学校的午餐照片，再选取其中一份午餐，引导学生自主阅读教材相关内容，分析这份午餐中含有的营养成分及作用，完成学案，总结不同营养物质的主要作用。

学生通过分析"不同食物中的营养物质和含量表"，得出结论：不同食物中的营养物质和含量不同，每种营养物质都有自己不可替代的作用。

2. 合作探究

小组合作探究：身体对各种营养物质的需求量有何不同？各种营养物质大概吃多少？

小组合作探究活动材料及要求：

（1）材料：彩纸条、剪刀、胶棒、白纸。

（2）分组：4人一组，明确分工。

（3）活动说明：不同颜色的纸条代表不同类型的食物，在纸条上标清食物名称。小组成员根据各种营养物质的作用和自身生活经验，将纸条进行裁剪。纸条的长度代表摄入量的多少，纸条越短，代表摄入量越少；纸条越长，代表摄入量越多。

（4）成果展示：按照从下至上，由长到短的顺序将纸条粘贴在白纸上，小组发言人将成果进行全班展示。

展示交流：各小组介绍本组粘贴出的结果及理由，其他小组质疑、评价、讨论。

修正归纳：针对各组展示结果的不同之处，教师出示"青少年午餐需求量表"，各组重新调整食物比例，再次展示、研讨。通过以上一系列活动，全班达成共识，共同构建"均衡膳食宝塔图"。

联系实际：师生共同分析 4 套一日三餐的方案。

反思提高：每日摄入的营养不能过多、过少或过于单一。

将课前记录的每名学生的前一周午餐统计表发给本人，学生先自查，再进行小组成员间互查，发现问题，交流感想，反思自己的饮食习惯是否健康，将来如

何纠正。

食品安全：饮食得当还要注意食品安全问题。学生先交流课前查阅到的几起食品安全引发的事件，再由教师介绍《中华人民共和国食品安全法》（2021年修正）的主要内容以及食品生产许可证编号的含义，提示学生关注食品安全，不吃过期、变质、不符合食品安全要求的食品。

健康的生活除了合理膳食还应进行适量的体育锻炼。学生观看大课间自己参加体育锻炼的视频，讨论能量的摄入和消耗之间如何保持平衡，避免不必要的节食，如果摄入量过多可加强运动，并强调要学会健康地生活，摒弃不健康的生活习惯。

课堂小结：学生梳理本节课主要内容，谈谈自己如何践行健康生活方式。

（三）建构体验

1. 检测反馈

当堂检测，及时反馈。

2. 分层提高

学生自主设计一日食谱并交流。

（四）作业布置

1. 为食堂的食谱提出建议。
2. 为家长亲手做一顿营养均衡的午餐。

四、板书设计

合理膳食和食品安全

一、合理膳食：全面、均衡

二、食品安全

五、教学反思

本节课主要目的是从合理膳食和食品安全的角度，强化学生的健康理念，养成健康习惯并践行健康生活方式。为了让学生认识到自己饮食方面存在的问题，理解均衡膳食的含义，教师把学习任务交给学生，教师只做学习的组织者。通过小组合作探究，构建均衡膳食宝塔图。同时，从能量摄入与消耗平衡的角度，让学生认识到良好的饮食习惯和强健体魄的重要性，落实我校"大健康"教育理念，达到"让每一名学生健康成长"的目的。

本篇作者简介

刘燕，北京市大兴区永华实验学校生物教师，教研组长。2020年获大兴区教师基本功大赛一等奖，2020年获大兴区初中生物实验说课比赛一等奖，2022年获北京市优秀作业案例征集活动一等奖，2023年在大兴区百节优质课教学案例评选中获一等奖。

《耳朵里的小秘密》教学设计

教育是什么？简单一句话，就是要养成良好习惯。善于"倾听"是一种好习惯，是人的基本素养之一。在养成教育中，让学生养成善于"倾听"的好习惯，是教师的重要责任。

一、教学内容

永华德育课程养成教育系列主题班会课（一年级）：学会倾听

二、教学目标

（一）在活动中了解什么是倾听，感受到"听"的重要性，认识"听"是获得信息的重要渠道。

（二）通过讨论了解并掌握倾听的方法。

（三）通过后续教育，让学生养成上课专心听讲的好习惯，进而激发其爱学习、乐于学习的情感。

三、教学过程

（一）定向激活

1. 游戏导入

教师邀请学生一起做游戏"请你跟我这样做"。

教师提问：我们的眼睛能看，嘴巴能说，鼻子能闻。那我们的耳朵可以做什么？

2. 引出本节课主题

教师导语：在刚才的游戏中，老师发现，大多数同学注意力非常集中，听得很认真；有些同学没有反应，是因为听得不够认真。这节班会课和"倾听"有关，就让我们一起叫醒耳朵，寻找里面的小秘密吧！

设计意图：游戏的形式富有童趣，符合低年级学生的心理特点，很自然地引出了班会课主题。

（二）探究质疑

1. 活动一：故事分析，知道倾听的重要性

教师用音频，生动展示小老虎和小伙伴一起筹备生日派对时，由于不会倾听，破坏派对，成为"没长耳朵"的小老虎的故事。

学生带着问题仔细听听小老虎身上发生什么事情了！

教师穿插在故事中提问：小老虎是没长耳朵吗？派对还能开吗？为什么？学生小组讨论后集体交流。

活动小结：小老虎不是没长耳朵，只是没听清别人说的话，就开始做事，结果把别人做好的事情弄糟糕。如果想要准备好派对，在做事之前一定要认真倾听，听清楚，思考后再做事，这样不至于把事情弄糟糕。

设计意图：故事激起学生的兴趣，使学生发现了不会倾听的结果，认识"听"是获得信息的重要渠道。

2. 活动二：情景再现，找到耳朵里的小秘密

场景一：老师在讲课时，小老虎在低头玩文具，老师提问时，随便回答。

学生分组讨论交流：这样做既不尊重老师，也没有学到知识，应该坐好，手里不拿东西，认真听。

教师小结：在上课时应该用耳朵专心地听，用心体会，要边听边思考，再发言。

场景二：同学在发言的时候，小老虎吵着说："老师，老师，我来，我来。"

学生分组讨论交流：这样做既不尊重同学，也没有听到同学的发言。

教师小结：听别人发言的时候要有耐心，听完别人的话，还要细心，不重复他人的意见。

设计意图：通过展示学生在课堂中出现的情景，引发学生对如何倾听的思考，让学生了解倾听的方法，感受到"听"的重要性，同时懂得倾听也是一种重要的学习方法，是尊重他人的表现。

（三）建构体验

1. 活动反馈

游戏实践，用好耳朵。

游戏实践悄悄话：每组第一人接收老师传递的一句话，活动中组员依次传递，看哪组又准确又快。活动后，学生讨论交流活动结果，再次总结复习巩固倾听的方法。再次体验活动，巩固学习成果。

2. 总结提高

总结秘诀，养成习惯。

学生边拍手边读《倾听小秘诀》。

你拍一，我拍一，倾听秘诀要牢记。你拍二，我拍二，细心用心在一块。

你拍三，我拍三，耐心等待是金砖。你拍四，我拍四，专心不想其他事。

你拍五，我拍五，虚心接受把掌鼓。你拍六，我拍六，倾听本领早练就！

分组交流本节课收获体会。

（四）作业布置

借助倾听评价表，每天在课堂中实践应用倾听方法，养成倾听的好习惯。

我是倾听小明星

（21天倾听好习惯养成表）

时间	自评，做到哪一项，就在下面空白格里涂上自己喜欢的颜色			
	专心听（听清楚）	耐心听（不打断）	细心听（不重复）	用心听（不盲从）
第1天				
第2天				
第3天				
第4天				
第5天				
第6天				
第7天				
第8天				
第9天				
第10天				
第11天				
第12天				
第12天				
第13天				
第14天				
第15天				
第16天				
第17天				
第18天				
第19天				
第20天				
第21天				

四、板书设计

耳朵里的小秘密

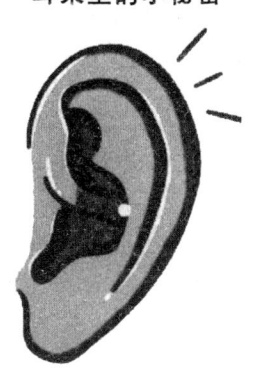

五、教学反思

倾听是一种习惯、一种能力，更是一种美德。我校名誉校长魏书生先生教育理念中重点提出了学生好习惯的培养，永华活力课堂教学模式中要求落实学生要领，倾听是学习习惯的第一步。本节课运用多种教学手段激发学生兴趣，吸引学生注意力，通过游戏体验让学生掌握倾听方法，培养良好倾听习惯。本次班会课"以人为本"，强调"自我体验"，通过故事、游戏、讨论、实践等形式，引起学生对不合格倾听行为的认识，从而引导学生学会倾听，找到倾听的方法。课后在日常学习和生活中借助倾听评价表，帮助学生进一步强化学习成果，养成良好的学习习惯，做一个合格的倾听者。

本篇作者简介

何丹赫，北京市大兴区永华实验学校大队辅导员，被评为2015—2017年大兴区小学骨干班主任、2020—2023年大兴区小学骨干辅导员，在2019—2022年度连续四年小学教育教学工作被评为优秀德育干部。

中国传统文化融入小学美育
——《中国画——学画荷花》教学设计

小学美术教研工作，以《义务教育艺术课程标准（2022版）》为主导，以习近平新时代中国特色社会主义思想为指导，全面贯彻党的教育方针，遵循教育教学规律，落实立德树人的根本任务，发展素质教育。在教学目标和教学环节中凸显艺术核心素养在小学美术课程中的体现。小学美术课程中的"造型·表现"国画领域里，人美版美术四年级上册第9课《中国画——学画荷花》，充分体现了美术教材对中国画文化的传承，感悟优秀传统文化的魅力，最终能够影响学生的终身追求。

一、课前导入，体现多学科融合特点

在课前的学情中了解到，大多数四年级学生在生活中见过荷花并欣赏过国画荷花作品。所以从初步了解笔墨知识到能够成熟运用笔墨创作国画荷花作品，是本课的重点，也是难点。

本节课导入设计中，能够跟语文学科相结合，通过《爱莲说》这篇古文，不仅让学生感受我国古代文人对荷花的爱慕之情，也加深了人们赋予荷花"出淤泥而不染"这种品质的认识，渗透了对学生的德育教育。

二、以任务驱动形式，促进核心素养的形成

本课的教学方式是在多媒体环境下，借助任务驱动的形式，引导学生掌握国画荷花的画法。教学活动以荷花的笔墨技法为基础，借用任务驱动的形式，组织学生活动，开发自主学习的能力。以学生尝试练习笔墨变化的体验作为技法的提升，以学生的体验活动为核心，让学生多次体验之后得到新的技能的学习，从而提升笔墨的应用。通过教具的使用能够很快、很直接地将抽象的知识变得形象直观。以荷花为主题创作，装点生活。

根据学生的情况预设了3个学习单，让学生自主学习逐步探究出：荷叶外形

特征、用笔方式和墨色变化。学生围绕一个共同的任务活动，发现问题、提出问题并尝试解决问题。借助了任务驱动的形式，注重学生探究体验的学习过程，引导学生观察荷叶的特点，发现荷花的造型美，使学生明确学习要求，让学生在大量的图像观摩和实践体验中学习如何用笔墨表现荷花，发现荷花的内涵美。本课教学中教学方法多为直观性任务驱动形式，为学生搭建循序渐进的学习过程，最终促进了美术核心素养的形成，真正地体现了学生是课堂主人的建构主义理念，使学生能够在美术表现和创意实践中得到更大的提升。教师加以引导，从碎片化到系统化地呈现完整的美术作品。整体课程完整，提升了美术的核心素养，学生能够充分通过课程感悟荷花的美，体现传统文化带来的魅力。

三、教学演示，体现学科特色

教学准备工作充分，尤其对学生的学习资料、用具和教具等。通过一步步地演示，为学生在美术核心素养中的美术表现和创意实践打下基础。教师在课上能够大胆进行范画演示，在演示过程中要注意减少蘸水的次数，笔中要有干湿变化，绘画过程中要有揉笔的动作，让纸充分吸收笔中的墨和水，让学生明确国画绘画的整个过程，尤其在墨色的调配方法、用笔姿势和墨色变化上加以引导。我们在画时，可以通过两支大小不同的毛笔，来画荷叶不同的部分。运笔过程中，不要着急，让墨色充分利用，体现国画的魅力。学科示范引领是朝阳区教师们一直研究的课题，强调"以画代话"的理念，因此在每节课上的示范尤其重要。每一张图片和环节的设计，力求让学生有图像识读和审美判断的积累和记忆，从而呈现出笔墨完整的美术效果。为学生解决本课的重点，突破本课的难点，体现了美术学科示范引领的特点。

整个社会都在关注传统文化，在水墨画的学习当中，引领学生在传统文化上的深入学习，学生学习水墨画的兴趣有很大的提升。在引领学生们学习的过程中，我也在更深入地学习，不断成长。教师以多样的教学方法激发学生兴趣，并且保持持久的情感态度，引发学生对祖国优秀传统文化的热爱之情，充分体现了美术教材对国画文化的传承，感悟优秀传统文化的魅力，最终能够影响学生的终身追求。

作为美术教育工作者，教师不仅仅是具备专业知识的从教人员，也是美术知识的传播者，在教书育人的同时也要提升自身的创造力，不断增强个人技能，使

得教师与学生达到双赢。

> **本篇作者简介**
>
> 戚梦雪，北京市朝阳区垂杨柳中心小学劲松分校美术教师，朝阳区教育系统优秀青年教师，论文《做课堂小主人让童心自由绽放》获2017年第五届全国自主教育峰会北京论坛活动一等奖。微课《台灯设计——设计方法的研究》在2018年中小学体音美教师技能评比中获一等奖。
>
> 皮雨珊，北京市朝阳区垂杨柳中心小学劲松分校美术教师，朝阳区教育系统优秀青年教师，《微视频在小学美术与书法课堂中的应用初探》一文获北京市2020—2021学年度基础教育科学研究优秀论文一等奖。论文《微视频在小学美术课堂中的应用策略》获2021北京市教师"基本功与专业能力"教育教学研究成果荣获二等奖。

用积极情绪面对困难
——旨在培养学生自信心的《魔兽》教学设计

自信是成功的基石,自信心是学生性格形成的重要影响因素。四年级是小学阶段重要的转折期,学生正处于人格成长的关键期,抽象思维逐渐占主导地位,自我意识不断增强,在这个阶段对学生进行自信心的培养,能使学生保持心理健康,更好地适应学习和生活。

一、教学背景

《中小学心理健康教育指导纲要》指出,心理健康教育的具体目标是使学生学会学习和生活,正确认识自我,提高自主自助和自我教育能力,增强控制情绪、承受挫折、适应环境的能力,培养学生健全的人格和良好的个性心理品质。中年级要达到的目标包括帮助学生了解自我、认识自我,初步培养学生的学习能力,激发学生学习兴趣和探究精神,树立自信。乐于学习,树立集体意识,善于与同学、老师交往,培养自主参与各种活动的能力。

北京市朝阳区教委与中国科学院心理所心理健康应用中心合作研发"逆风飞翔少年成长计划——中小学积极心理品质培养"项目,开发了"魔法森林探险之旅——《积极乐观》课程读本(小学四年级版)",通过设置魔法森林的情景,拟人化地运用乐乐、忧忧两个人物形象,带领学生去探索积极乐观的法宝:魔镜、魔路、魔花、魔兽等。帮助学生建立合群、自立的健康人格,引导学生在学习、生活中感受解决困难的快乐,学会体验情绪并表达自己的情绪。帮助学生建立正确的角色意识,培养学生对不同社会角色的适应能力。帮助学生增强时间管理意识,正确处理学习与兴趣娱乐之间的矛盾。

二、学情分析

四年级学生对生活和学习中出现的问题,有了困惑,也有一些理解,但是对于怎样去面对和解决问题,却没有很好的认识。在前面的课程中,已经学习过如何制定目标和分解目标,但由于学生生活经验不足,他们在完成目标或计划过程

中遇到困难或者变化的情况下，容易产生紧张情绪，自我调节能力比较差，难以释放心理压力，这样就容易使他们心情变差，更加难以坚持完成目标。儿童在这一阶段所学的最重要的课程是"体验以稳定的注意和孜孜不倦的勤奋来完成工作的乐趣"，本学期的课围绕帮助学生实现目标，提升自我效能感展开。

三、教学内容

魔法森林探险之旅——《积极乐观》课程读本（小学四年级版）第12课《魔兽》。

四、教学目标

（一）**认知目标**：使学生认识困难，找到其特点，为困难取名字，画出图像，勇敢乐观地面对困难。

（二）**方法目标**：使学生能够用积极的态度勇敢地面对困难魔兽。

（三）**情感目标**：培养学生具有积极进取、不畏困难的良好意志品质。

五、教学重难点

教学重点：使学生能够在遇到困难时认识到，困难是正常的，并用积极乐观的心态面对。

教学难点：找出困难魔兽的特点，并为它命名和画像。

六、教学准备

魔法森林探险之旅——《积极乐观》课程读本（小学四年级版）第12课《魔兽》，课件，视频资料。

七、教学过程

（一）正念

设计意图：回顾乐观魔法森林探险之路，提升自我效能感，为旧知能力的迁移做准备，引导学生进入专注的学习氛围。

1. 教师带领学生回归课堂状态。

2. 教师与学生共同体验正念放松身心。

3. 教师小结：随着呼吸的放松，逐渐感受到自己是情绪管理员，可以拥抱自己的情绪。让我们一同来关注自己的内心，关注我们发自内心的愿望吧。

（二）森林剧场

设计意图：通过森林剧场中乐乐和忧忧的遭遇，分析如何面对困难的方法，学习为困难魔兽取名字的方法。

教师：同学们，前两节课我们一起帮助乐乐和忧忧分析了他们的愿望，并且学会了如何制订自己30天内可以完成的目标和分解目标。有谁按计划在实现目标？如今我们换成了居家学习的方式，同学们有没有遇到什么阻碍你实现目标的困难呢？

遇到困难一点儿也不稀奇，在实现目标的路上谁都不是一帆风顺的，忧忧就遇到了困难，让我们一起走进森林剧场看看他们到底又遭遇了什么样的难题，乐乐又给忧忧提出了哪些建议呢？

播放视频1：森林剧场

教师：同学们，你们从忧忧和乐乐的对话中听到了什么？

学生：忧忧没有按时完成读书计划，刚开始设定了目标，但是他遇到困难后就退缩了。拖欠的任务越来越多，到最后他就放弃了。

教师：忧忧原来的目标是什么？

学生：30天读完150页的课外书，每天读5页。

教师：既然分解了目标，忧忧为什么没实现呢？

学生：忧忧不能坚持按照计划完成任务，又没办法控制自己的时间。忧忧已经连续几天都没有读书了，剩下的页数太多，就不想读了。

教师：我们可以将困难想象成一只魔兽来打败它。为了更好地战胜这只魔兽，我们要先找到它的特点。

教师：首先我们要根据特点给魔兽起名字，名字是什么呢？乐乐和忧忧管它叫什么？

学生：时间兽。

教师：能不能给魔兽画张像？

学生：（用两分钟时间画像）

教师：能给魔兽取名字，说明你了解它、能够分析它；能画像证明你很勇敢，能够面对魔兽。

教师：乐乐怎么帮忧忧分析的？哪些方法能够打败魔兽？

学生：针对忧忧不能合理分配自己时间的问题，我们可以制订一个既可以完成又合理的计划。

教师总结：通过乐乐和忧忧的故事，我们发现在实现目标的过程中总会遇到

各种各样的困难，这些困难就像是魔兽一样阻挡了我们通往目标的道路。但是我们要知道，这些魔兽并不可怕，它们也可以成为我们实现目标过程中的朋友。正是这些特殊朋友的到来，才能让我们及时发现自己需要注意和成长的地方。只要我们能够积极乐观地去面对自身存在的不足，改变自己，就可以在不断的调整中越来越接近实现目标。

（三）找到自己的魔兽

设计意图：运用分析困难特点的方法为困难魔兽取名字，并画出图像，积极地面对困难魔兽。

教师：同学们，当我们遇到一些困难和挑战，并且产生消极的情绪体验的时候，我们可以把困难和挑战比成魔兽，找到它们的特点，通过起名、画像来认识它们的本质，勇敢面对。同学们可以在纸上写出自己想要实现的目标、已经遇到的困难和挑战。按照我们刚刚学到的方法分析这些困难有什么特点，给你的困难魔兽起一个名字，并画像。

教师：下节课我们继续分析困难魔兽的特点，在魔路、魔花中，找到战胜魔兽的方法。

（四）魔舞

设计意图：学生通过魔舞，体验积极情绪。

八、教学反思

本节课从学生实际出发，以学生为本，学生参与度广泛，参与形式多样。课上，教师用取名、画像等方法带动学生分析思考。学生能够做到正确看待实现目标路上的困难，并能够分析且面对，达到了用积极情绪面对困难的教学目标。

本篇作者简介

王艺霖，北京明远教育书院实验小学望花路校区少先队辅导员。荣获2021年朝阳区优秀少先队辅导员称号。在朝阳区教委举办的"第三十三届孙敬修杯学生故事比赛中个人赛"中荣获得优秀组织教师奖。在北京教育科学研究院举办的2021年"综合素质评价教师典型案例评选"中，论文《望花荣誉卡促进学生全面发展》获得三等奖。

创设真实情境 提升学习效果
——《我们是怎样听到声音的》教学设计

《我们是怎样听到声音的》是教科版科学四年级上册第一单元第四课。学生通过前面三节课的学习，已经知道声音是由于物体的振动而产生的，并以声波的形式进行传播。本节课主要研究耳朵是怎样使人听到声音的，但是学生对于耳朵的认识大多只停留在它的外部特征以及它是一个重要的人体听觉器官等一些浅显的知识上。至于耳朵是由哪些部分组成的，各部分都有什么作用，人是怎样听到声音的，学生尚不清楚。本课通过对"耳朵为什么能听到声音"这一问题进行思考讨论，让学生了解认识耳朵的结构和功能。

一、教学内容

教科版四年级科学上册第一单元第四课《我们是怎样听到声音的》。

二、教学分析

本课主要是通过模型来模拟耳郭和鼓膜，在活动中了解耳郭、耳道和鼓膜的作用，知道声波在耳朵中的传递过程和听到声音的过程。之前学生已经知道声音是由物体振动产生的，声音在空气中以声波的方式向四面八方进行传播。为了让学生能够更好地理解这部分知识，能够把学习的知识进行应用，教师创设了学生生活中经历过的情境，并且让情境贯串了整节课，以帮助学生更好地理解知识并运用知识，有效地提升学生素养。

三、教学过程

在本课的导入环节，教师先出示一幅图片，简单介绍图片的情境，图1是电脑声音突然变大后学生的反应。然后提出问题：为什么图中许多学生会突然把耳朵捂住呢？

图1

学生们通过讨论，形成了一个问题：为什么

把耳朵捂起来声音就变小呢？这个问题也是贯串本节课的一个主要问题。接下来，就是对这一问题的分析。教师和学生一起复原声音的产生过程。

图 2 中出现一个音箱、一个耳朵的图片，学生把声音的产生和耳朵听到声音进行关联，利用已有的知识画出音箱产生的声音以声波的形式向四面八方传播，其中一部分声音传递到耳朵里面。接下来就是利用这个情境探究耳郭、耳道和鼓膜的作用。教师在探究中适时给学生提供材料上的支撑，鼓励学生多探讨交流找出适合的验证方法。

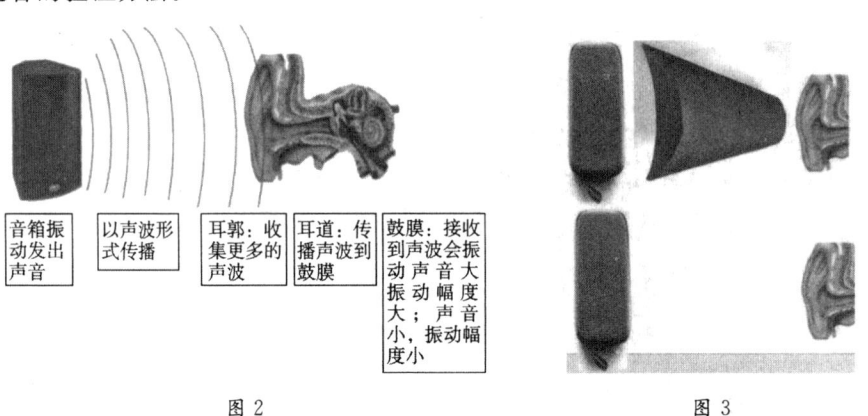

图 2

图 3

学生知道耳郭、耳道和鼓膜的作用后，接着回到图 3 情境中，为什么声音大的时候会捂住耳朵？学生回答：音箱发出的声音通过空气以声波的形式向四方八方传播，一部分声音传递到耳朵，耳郭负责收集更多声波，当把耳朵捂住后，进入耳道的声波变少了，鼓膜的振动幅度变小了，听到的声音也变小了。在最后，教师进行保护听力的教育。

四、教学反思

课堂教学中，学生通过教师创设的情境，探究耳郭、耳道和鼓膜作用的活动。整堂课上，情境的创设虽然用时不多，但对整节课有着非常重要的作用。

一是情境联系生活实际，激发学生的学习兴趣。

在《核心素养导向的课堂教学》一书中，对情境化教学有这样的描述：强调情境创设的生活性，其实质是要解决生活世界与科学世界的关系。新课程呼唤科学世界向生活世界回归。为此，创设教学情境要注重联系学生的现实生活，在学生鲜活的日常生活中发现、挖掘情境资源，只有在生活化的学习情境中，学生才能切实弄明白知识的价值。在本节课中，就是基于这一理念进行的情境创设。纵观本节课整个活动流程，基本是围绕一个真实的情境开展的教学活动——为什声音大的时候要捂住耳朵？这个情境在生活中也是大部分同学都亲身经历过的事情，学生整节课都是为了科学解释这一问题而开展了探究活动，在课堂上体现出来学生高涨的学习兴趣和积极的学习态度。

二是创设合适的情境，让学生明确学习知识的目的。

本节课选择了形象的、具体的、可见的真实情境，能有效地刺激和激发学生的想象和联想，促进学生积极地思考，让学生能够清楚地了解自己在课堂上学习的目的，对课堂的学习效率有很大的促进作用。学生能够正确并且有效率地完成验证活动，说明学生清楚自己活动的目的，他们知道课上获取的知识能够帮他们解决问题，而且他们想要去解决这样的问题，因为生活中他们经历过这样的事情。

三是充分利用情境，帮助学生活用知识提升科学能力。

课堂的情境应该是贯串整个课堂，这样才能保证情境创设能够真正帮助学生理解知识的应用。课堂最后在解释"为什么声音大的时候要捂住耳朵"时，学生要完整地回答这个问题就需要运用课堂所学习的知识，并且还要回顾前几课的相关知识，在头脑中进行信息的加工处理才能进行合理的解释。通过这样的环节，学生运用知识的能力必然会促进其对知识的理解，学生的科学能力必然会得到提升，这也是落实核心素养导向的课堂教学的重要手段。

本篇作者简介

李雪峰，北京市朝阳区垂杨柳中心小学劲松分校科学教师，朝阳区科学骨干教师。获首都资源原创课程辅助资源征集评选活动一等奖；"朝阳杯"教学基本功录像课评优活动一等奖；文章《将科学知识转化为学生的科学素养》发表在《北京教育》杂志上。

李悦，北京市朝阳区垂杨柳中心小学劲松分校科学教师。在"朝阳杯"中小学教师基本功展示活动中荣获一等奖，在教学基本功说课活动中荣获三等奖。

现代教育技术下的深度学习探究
——《改善演示效果》教学设计

深度学习是一种强调高投入的主动性学习，要求学生将知识进行有效迁移，产生创新性思维。现代教育技术直接影响教育教学的理念、手段和方法，现代教育技术与深度学习的融合已经成为广大教师面临的挑战。笔者通过《改善演示效果》一课的教学，对现代教育技术下的深度学习进行探究。

一、教学内容

北京市义务教育课程改革实验教材四年级信息技术下册第四单元第 23 课《改善演示效果》。

二、教学理念

《中小学综合实践活动指导纲要》关于信息技术教学的实施建议中指出，要重视结合学生经验，突出实践性，将信息技术的学习带入到学生的生活实践中来；综合实践活动要兼顾趣味性和实用性，促进高水平思维。综上所述，综合实践课程中采用任务驱动式教学，主要倡导学生主动参与、乐于探究、勤于动手，培养学生搜集和处理信息的能力、获取新知识的能力、分析和解决问题的能力以及交流合作的能力。结合本单元的知识学习过程，锻炼学生利用网络等媒介获取素材资源——通过演示文稿编辑软件来加工处理信息，从而实现《中小学综合实践活动指导纲要》中培养学生的信息素养的目标。小学信息技术课程中，学生们的动手动脑能力和合作意识都得到了锻炼，从而在学习中不断提高发现问题、分析问题、解决问题的能力，逐步提高信息技术素养，提升信息技术应用能力。

三、教学分析

本课教学内容是北京市义务教育课程改革实验教材四年级信息技术下册第四单元第 23 课《改善演示效果》。学生通过第一单元《畅游网络世界》的学习，已经掌握了从网络中保存自己需要的文字和图片等知识，以及通过第二单元《用计算机编辑文档》的学习，学会了如何在文字处理软件中插入文本框、图片、表格、音频、视频等各种对象。前面的学习已经为本单元的学习打下了坚实的基础。本课通过演示文稿的交互性、生动性，提升演示文稿的表现力和感染力，在演示文稿单元的学习中有着很重要的作用。

四、学情分析

本课的教学对象为小学四年级学生。小学生有这样几个特点：好奇心强、爱玩、好胜、勇于探索。学生是从三年级开始正式接触信息技术课程，以前依据各自的生活条件也接触过，但并未正规系统学习。教师在课堂上采取让学生自主探究的教学方式，经过一年多的训练，学生已经具备了一定的自主探究能力。尤其是多数学生家中都有电脑，可以在学校学习的基础上在课后强化练习，很大程度上提高打字、图形操作、文档修饰等技能。所以，在本课的教学过程中，借助学生已有的知识自然引入到新知的学习，教师精讲，学生多练，这样能为学生搭建起新知学习的阶梯，多给学生探究实践的空间与时间，另一方面培养学生自主学习的意识。

五、教学目标

（一）知识与技能

熟练掌握操作每张演示页设置切换效果；能够自行操作设置图片、文字等对象的自定义动画。

（二）过程与方法

通过任务驱动方式的学习，学生能够切换演示文稿、切换效果和自定义动画的设置，并通过交流，强化对效果设置的认识。

（三）情感态度与价值观

通过完成任务操作，提高展示能力和自我表达能力。加深对学校校园文化的了解；锻炼自己认真倾听和细心观察的习惯。

六、教学方式

以学生为中心，任务驱动，自主学习，变教师的演示和讲解为学生自主探究。注重学生独立思考、相互交流。

七、教学重难点

重点：设置切换效果以及自定义动画设置步骤。

难点：合理设置自定义动画；熟悉演示文稿软件的窗口和工具栏。

八、教学过程

教学环节	教师活动	学生活动	设置意图
创设情境 激趣导入	1. 播放演示文稿"我们的校园" 2. 提示课题：改善演示文稿	1. 欣赏观察，说出想法 2. 了解本课学习内容	集中学生注意力，引入本课内容
任务驱动 掌握操作	1. 学生打开演示文稿 2. 布置学习任务一 操作任务：把第一张幻灯片的切换效果设置为"百叶窗"效果 总结学生操作情况	1. 尝试操作 2. 优秀生演示操作过程 3. 完成切换效果的设置	学会切换效果的设置方法
巩固提高 拓展创新	1. 布置拓展练习内容 练习：为其他幻灯片设置切换效果 设置要求：设置不同的效果，找到你认为最适合的 提示：注意观察工具栏的各个按钮，它们能帮助你设置出不同的效果 2. 师生一起探究新知 (1) 把所有幻灯片的切换效果都换成"一样"（全部应用） (2) 把幻灯片的换片方式设置为自动（换片方式） 3. 总结学生完成情况	1. 设置切换效果 2. 介绍操作中问题和经验 3. 交流解决问题的方法，完成操作并放映观看效果 4. 总结操作方法，尝试操作"全部应用"和"换片方式"	巩固新知 了解两个功能按钮的使用方法
自主探究 掌握操作	让幻灯片中的图片、文字"动"起来 1. 布置学习任务二 提出操作要求：把第二张幻灯片的图片设置为从左侧飞入，文字设置为从顶部飞入的效果 2. 和学生一起探究新知 设置完动画效果后，图片和文字前出现的数字代表什么意思？ 教师总结：它代表对象的播放顺序，通过"对动画重新排序"下的向前移动和向后移动来设置 3. 总结学生完成情况	学生尝试操作，请最先完成的同学上台演示操作过程 总结操作步骤，小组完成操作，组长巡视介绍操作中的问题并总结经验 完成全部文稿的动画设置	学会设置动画效果的方法

续表

教学环节	教师活动	学生活动	设置意图
综合实践	1. 有针对性地展示学生作品并进行师生互评 2. 进行鼓励性评价 3. 综合评价全体学生的学习情况	根据自己的理解评价作品，边演示边讲解	提高学生的自信心，加深对学校校园文化的了解
归纳总结	总结本课知识点	总结本课学到的知识点	归纳总结本课

九、教学评价

评价等次：优秀、良好、一般。

评价内容：设置的切换效果和动画效果协调合理有序；讲解时能利用语言以及配合必要动作介绍作品；能够对自己和他人作品中的优点和不足进行评价；学生对知识点的掌握程度，便于课后总结。

评价方式：每个任务的完成都有师对生的评价、师生互评以及学生自评，完成后，学生能够将自我情感的表现反馈给教师。

教师利用评价表对学生的回答和操作进行鼓励性评价，使学生树立自信心，能够主动探究，敢于尝试，提高学习信息技术的兴趣。最后，通过"综合实践"，让学生把学到的知识应用到实际生活中，培养学生的综合实践能力。同时，教师根据评价表，了解学生的学习情况，判断学生的知识掌握情况、学习能力和学习态度等。

十、教学反思

本课教学设计注重了情境的创设与转换的同时，更加关注贴近学生实际生活应用，与此同时还以"任务驱动"的方式，引导学生主动在实践一系列的任务的过程中，学习理解知识，解决问题，掌握技能。既提高了学生对信息技术的学习兴趣，又切实提升了学生的信息技术素养。本课的教学有以下两个特点：

一是贴近生活应用，制作演示文稿。

本课教学设计，始终以培养、提升学生综合信息素养为目标，每一个任务均围绕知识点设计。学生由基础操作到综合运用拓展提高，层层深入。例如：在本课时中围绕两个知识点出发，每个任务都设置了学生在实际操作中容易忽视的细节，例如，在任务一中切换效果的应用范围，以及任务二中关于动画数字的含义等，通过这些细节来培养学生发现问题、分析问题、解决问题的能力，使得设计更加全面，从而提高演示文稿制作水平。本课时所采用素材均来自学校的环境资

源创设任务，贴近学生的生活。

二是主动实践任务，提高展示水平。

学生通过两个课时的学习，完成了知识内容的学习，兴趣很浓，大多数学生都学会了知识点，并能够主动参与，带着情感去完成任务。驱动学生在完成任务后，"综合实践"让学生把学到的知识应用到实际生活中，培养学生的综合实践能力，加深了对学校校园文化的了解。

本篇作者简介

康毅，北京明远教育书院实验小学中园校区教师，获得朝阳区骨干网管教师称号，论文《基于"双减"背景下小学课堂探究能力策略与研究》获得北京市教育学会论文竞赛二等奖。承担北京市教育学会十四五课题《现代教育技术环境下小学学生深度学习路径的研究》并为课题主持人。

教学反思

感悟生动课堂里的声音

教学反思,一般是指教师对教学实践的再认识、再思考,并以此来总结经验教训,进一步改进教学行为,提高教学水平。一直以来,教学反思都是教师提高教学水平的一种有效手段。

美国教育家布鲁巴赫提出,教学反思的方法包括反思日记、详细描述、交流讨论、行动研究。

现实中,没有哪一种反思方法能包罗万象。但无论采取或创造怎样的反思方法,都需要坚持以下两个策略:

一是保持敏感而好奇的心灵。教学活动中会发生什么,是否值得反思,都是无法预设的。这就要求教师始终保持敏感而好奇的心灵,时刻捕捉可能的反思对象。在某种意义上可以这样说,敏感好奇是教育智慧的源泉,是教学反思的原动力。

二是要经常、反复地进行反思。不仅要对不同事件或现象经常进行反思,对于同一个事件或现象,也要不断地、持续地进行反思。反思的实质,是教师在不断的反思活动中,通过反思来理解对象、理解自己,让自己与对象对话、与自己对话,从而不断提升自己。

关注"零起点" 领航起跑线
——《大小多少》教学反思

《大小多少》是统编版语文一年级上册识字单元中的一课。这首儿歌节奏轻松、明快，呈现出了事物间"大小""多少"的关系，启发学生初步感知不同大小、不同数量的事物要用恰当的量词来表示，体会中国汉字文化的博大精深、丰富有趣。接下来，笔者从三个方面反思本节课的教学情况。

一、关注"零起点"教学

这节课以集中识字为主，通过归类识记、图文对照等方法，识记"多""少"等12个生字。对于一年级零起点学习的学生而言，在第一课时就掌握12个生字，是有较大的难度和挑战的。所以在本节课教学中，尽可能通过多种形式的复现、朗读，让学生加深印象、提升认识。针对学生比较陌生、难读的生字，设计贴近生活的趣味情境，有的放矢，巩固新知。

本节课在引导学生感知量词的过程中，注重基于实际学情，重视学生零起点教学的科学性与人文性。一方面，结合课文内容和学生的生活经验，理解"一头黄牛"比"一只黄牛"更能凸显出黄牛的"大块头儿"，"一颗枣"比"一个枣"更体现出枣子体积较小；另一方面，通过师生接读、生生对读等多样形式的朗读，培养学生的语感，启发学生在积累语言的过程中感知量词的使用规则。

二、关注教学的趣味性

本节课努力挖掘适合的趣味资源，创设趣味教学情境。

在导入环节，"老师给大家讲一个'多'字的故事。在很久很久以前，人们通过打猎、采摘果子寻找吃的，食物很稀缺。那时候呀，一家人能吃上两块肉，就很满足了。'多'这个字也是因此而出现的（出示甲骨文"多"）——上下两块肉搭在一起，表示数量很多……"简短的小故事，拉近了汉字与学生生活的距离，也让学生感受到了"多"这个字的内涵。

整堂课以参观开心农场为主线设计情境教学活动。情境游戏有"考眼力"

"考朗读""考记忆力"等环节，层层闯关，增强学生对量词搭配的感知，帮助学生理解、记忆。

教学的趣味性除了教学环节的设计，还体现在教师的语言中。在平时用心、细致体味"孩子的语言世界"，在课堂中认真倾听、精准评价，尊重孩子的课堂地位；同时，发挥教学智慧，用教师幽默、智慧的语言，引发学生的思考、互动。

三、借助学习单，提质增效，让课堂效果看得见

如果说课堂游戏、互动是课堂的"动态美"，那学习单的使用，就是有效中和的"静态美"，使课堂多了一份静，更多了一份思考与沉淀。

本节课学习单的设计以落实教学重难点为宗旨，对应教学的几个环节，有效避免了师生都可能出现的眼高手低的情况，让课堂的每一步都能走得更扎实。

第一题，连一连，"帮字词宝宝回家"。让学生在归类中巩固对生字的认识。第二题，选合适的搭配伙伴，进一步让学生感知量词的使用，理解大小多少的对比。

在设计学习单时，充分考虑难易程度，不能额外增加学生的学习负担。例如，对于本节课课文中没有要求认读的字，学习单中都加上了注音，比如"枣""堆"。对于有挑战的题目，设置范例，巧搭梯子。

通过这节课的教学，我对一年级语文识字教学有了更深刻的理解，也有了更加清晰的方向。"零起点"教学，并不意味着把学生的语文学习看成一张"白纸"。一年级新生通过幼儿园的语言学习活动，已经掌握了一些阅读与书写的基本技能，积累了一定的语文学习经验。但面对小学阶段语言文字知识的系统性学习，需要"小步子、慢节奏"，适度分解课时目标，融入生活情境，开展有趣、有针对性的学习。

本篇作者简介

王苗苗，北京市大兴区庞各庄镇第一中心小学语数教师。2020年获大兴区"一三一五"教科研教学论文评比一等奖、大兴区第二届"星星火炬杯"少先队辅导员风采展示活动一等奖，2021年被评为北京市中小学"学生喜爱的班主任"。

感悟美妙声音　体会自然妙趣
——《大自然的声音》教学反思

《义务教育语文课程标准（2022年版）》中指出：能联系上下文，理解词句的意思，体会课文中关键词句在表达情意的作用。积累课文中的优美词语、精彩句段，以及在课外阅读和生活中获得的语言材料。

《大自然的声音》，是统编版语文三年级上册第七单元第21课。作者将大自然中的事物比作音乐家，把它们发出的声音描绘成各种美妙生动的乐曲，体现了大自然声音的美妙。本课要引导学生走进大自然，通过对自然界各种声音的深度感悟，体验大自然的妙趣，为下文的学习做好情感铺垫。

语文要素是感受课文生动的语言，积累喜欢的句子。学会留心生活，及时把自己的想法记录下来。语文要素有两个，其中有三个关键词：感受、生动、积累。教学时注意引导学生朗读课文，感受语言的优美、生动，积累语言。

为了更好地落实语文要素，解决语文教学中的重难点，教学环节就要做到有序、紧凑、合理，遵循学生认知规律，从而充分调动学生的思维，使其更积极主动地参与到教学活动中来。

一、关注多种形式的读，品味美妙

风能够发出各种美妙的声音，感受风是大自然的音乐家时通过想象读——体验读——推进读——对比读的方式引导学生感受风声的美妙。

句子一：当他翻动树叶，树叶便像歌手一样，唱出各种不同的歌曲。

引导学生想象，风吹什么树叶会发出什么声音？在想象中感受风吹不同树叶发出的美妙的声音。再让学生带着想象去读，感受风声的美妙。

句子二：当微风拂过，那声音轻轻柔柔的，好像呢喃细语，让人感受到大自然的温柔；当狂风吹起，整座森林都激动起来，合奏出一首雄伟的乐曲，那声音充满力量，令人感受到大自然的威力。

在学习微风时，重点抓住了"呢喃细语"一词来感受，提示学生回顾生活：你在什么时候听过呢喃细语呀？这个环节既联系生活经验体会了微风的特点，也落实了课后习题。

在学习狂风时，没有进行讲解，就是通过推进读的方式——一个人读、一个组读、全班读，来感受狂风的特点。

最后进行对比读，女生读微风，男生读狂风，学生的朗读表达出了他们感受到的风声的美妙。

通过多样形式的朗读，从读中感悟文本，在读中整体感知，在读中有所感悟，在读中培养语感，在读中受到情感的熏陶。通过层层递进的学习，学生最终熟读成诵，达到了积累的目的。情感得到升华，同时也突破了教学重点。

二、关注联系实际，发挥想象

句子一：下雨的时候，他喜欢玩打击乐器。小雨滴敲敲打打，一场热闹的音乐会便开始了。滴滴答答……叮叮咚咚……所有的树林，树林里的每片树叶；所有的房子，房子的屋顶和窗户，都发出不同的声音。

引导学生不仅关注到"打击乐器""滴滴答答""叮叮咚咚"这些词语，还要拓展："小雨滴还会落在哪里？发出什么声音？"学生联系实际边读边想象、补充，情感与文本融为一体。

句子二：当小雨滴汇聚起来，他们便一起唱着歌：小溪淙淙，流向河流；河流潺潺，流向大海；大海哗哗，汹涌澎湃。从一首轻快的山中小曲，唱到波澜壮阔的海洋大合唱。

通过把"小溪淙淙，河流潺潺，大海哗哗"在课件中变成红色，引导学生发现语式层层递进的写作特点，并从中体会水声不断变化，而且越来越大。再边读边想象画面，感受水声的变化和美妙。

三、关注文章的结构，仿写练笔

在学习风与水是大自然的音乐家之后，引领学生总结第二、三自然段都是围绕第一句话，再具体从不同角度写出他们是音乐家的特点，为下边的练笔做好铺垫。

小练笔：

你听过哪些"美妙的声音"？试着写几句话和同学交流，如"鸟儿是大自然的歌手……""厨房是一个音乐厅……"。

我分以下步骤来引导学生完成练笔：

（一）学完第二、三自然段后，学生明确了写法：明确围绕一个意思来写具

体。和第一环节积累词语进行连接，积累描写风声和水声的词语。

（二）直观感受鸟的叫声，交流听过的美妙的声音。

（三）利用学习单第一题，完善例文。这个例文不仅让学生学会围绕一句话从不同方面写具体，还知道了使用拟声词可以使描写的声音更形象，为把声音写美妙做好铺垫。

（四）分三个层次来安排写，提供了很多表现鸟叫声的拟声词，满足了不同层次学生的需要。

就是这样，我回顾写法，搭建梯度，一步步地指导下来，每个学生在15分钟的练笔中都有收获。从课堂呈现来看，学生们不仅能围绕一句话来写，还用上了很多表示声音的词语，写得非常具体，突破了教学难点。

课堂教学中多种朗读与感悟相交融，让学生在读中感悟，在读中激情，在读中体验、品味。抓住结构特点与当堂练笔结合，从表达角度给学生留足时间，方法与实践有机结合。就这样一步一步，最终落实了"感受课文生动的语言，积累喜欢的句子"的语文要素。

本篇作者简介

葛艳花，北京市怀柔区第一小学语文教师，2021年被评为怀柔区语文骨干教师，2022年荣获怀柔区小学教师基本功纸笔测试竞赛一等奖；2023年怀柔区小学教师基本功展示活动中，获得"教学能手"称号。

用教育智慧照亮学生心灵
——《十五夜望月》教学反思

《十五夜望月》，是统编版教材语文六年级下册第三课的第三首古诗，是一首中秋之夜望月思乡的七言绝句。诗的一、二两句，写的是诗人在中秋之夜望月之景，刻画了一幅宁静清冷的画面；诗的三、四两句用委婉的方式表达了诗人思念家乡的情感。整首诗由景写人，由所见写所感，诗中孤寂清冷的画面油然而生，可谓"诗中有画，画中有诗"。

本节课的教学环节：课前游戏飞花令（含有"月亮"的"月"的诗句）；导入新课，激发兴趣；知诗人、解诗题；明诗意、悟诗情；诵读古诗；积累描写中秋节的古诗；习字（书法纸上书写整首诗）。

一、课堂亮点

（一）感受中华优秀传统文化

利用一首古诗带多篇古诗，让学生感受中华优秀传统文化"古诗"的魅力，产生热爱古诗的情感。

暖场的时候，让学生做了一个飞花令的游戏，令牌是说出含有"月"的诗句，以男女生对抗，男生一句女生一句的形式进行。规则一出，一下子就点燃了学生们的热情，他们的脑子都在飞转，纷纷把想到的别人没有说过的诗句吟诵出来。此环节持续了至少有六七分钟的时间，学生们把课上学到和课下积累到的含有"月"的诗句都准确清晰地表达了出来。

导入新课，激发兴趣环节，我设计了看图猜古诗的游戏。此游戏以抢答的形式进行，当一名学生抢答迅速猜出诗名，教师给予肯定后，由该生背诵整首诗或全体学生一齐背诵。看图猜诗的三首古诗《元日》《寒食》《清明》，都是描写传统节日的，当学生发现了这几首诗的共同特点后，教师引入说明今天再来学习一首描写传统节日的古诗《十五夜望月》，从而让学生对古诗有了一个类别的认识，知道此诗可以纳入节日习俗古诗的系列。

明诗意、悟诗情环节中，当学习到后两句诗体会"望"之情深时，我设计了

拓展思念之情的诗句环节。

教师："不知秋思落谁家"表达了诗人的思念之情，在你读过的古诗词中，还有哪些类似的诗句？你能说出一两句吗？

学生甲：举头望明月，低头思故乡。

教师：你说得对。你记忆力真好。这是我们一年级学的古诗。这两句诗表达了诗人李白的思乡之情。

学生乙：野旷天低树，江清月近人。

教师：你说得非常对。这两句诗，诗人借水中之月表达了寂寞之愁、思乡之愁。老师也有几句表示思念之情的诗句，我们一起来读一读。（课件出示六句）

通过此环节的设计，学生在思乡之情的诗句上又有了一个系统的理解和记忆。

最后积累描写中秋节古诗词的环节，我是这样设计的：

先让学生读一读或背一背积累到的关于中秋节的古诗词。［这时候，有个学生背诵了苏轼的《水调歌头·明月几时有》，而且还对古诗词做了简单的介绍。这说明学生并不是死记硬背，而是有着他自己的理解。］在此基础上，我又给学生补充了两首描写中秋节的古诗——李白的《月下独酌·其一》和张九龄的《望月怀远》，让学生读一读、品一品。有了这两首古诗的加入，学生所积累的中秋节古诗系列中又添加了新的成员。

统计结果表明，本节课上，学生们积累的古诗有七八十首，学生的古诗积累量大大增加，激发了学生学习古诗的热情，使学生产生了热爱古诗的情感。

（二）注重培养学生的想象力

教学古诗前两句——赏析"望"之画面美

教师：诗人直接描写了"地白、栖鸦、冷露、桂花"这四种景物，你又从这些景物想象到什么画面呢？请你读一读诗的前两句，想象一下。

学生甲：我从"地白"二字，仿佛看到了清冷素洁的月光洒在地面上，从"地白"二字，我还联想到了李白《静夜思》中的诗句"床前明月光，疑是地上霜"。

学生乙：我从"栖鸦"，仿佛听到了乌鸦的叫声和它们扑扇着翅膀发出的声音。

学生丙：我从"桂花"，仿佛闻到了庭院中弥漫着淡淡的花香；我还从"桂花"想到了神话传说中的"月中桂树"，想到了"吴刚伐桂"和"嫦娥奔月"这两个神话故事。

由此可见，想象的力量是无穷的，学生通过想象可以更好地理解古诗，在想象中感受到古诗蕴含的画面美。

二、我的思考

本节课应加上一个环节，即将本节课学习的古诗《十五夜望月》和了解到的节日习俗的古诗作对比，以表格的形式呈现，让学生填写表格。如：

诗句	传统节日	风俗习惯
爆竹声中一岁除，春风送暖入屠苏。	春节	放鞭炮、贴春联、拜年
清明时节雨纷纷，路上行人欲断魂。	清明节	踏青郊游、扫墓祭祖
遥知兄弟登高处，遍插茱萸少一人。	重阳节	登山、赏菊
日暮汉宫传蜡烛，轻烟散入五侯家。	寒食节	禁火、取新火
今夜月明人尽望，不知秋思落谁家。	中秋节	赏月、吃月饼
……	……	……

这样设计，可以由课内拓展到课外、再回到课内，引导学生学会做知识的梳理总结，并在这一过程中不断丰富自己的古诗词积累，增进对传统节日习俗的了解。

本篇作者简介

许江红，北京市海淀区中关村第一小学怀柔分校语文教师兼班主任。在2015年、2018年和2021年怀柔区骨干教师评选中获得"小学语文骨干教师"荣誉称号；在2021年怀柔区教育系统师德榜样评选中获得"师德榜样"荣誉称号；在2022年怀柔区小学教师基本功大赛中获三等奖。

视野广　意境深　情感浓
——古诗《浪淘沙》教学反思

古诗是中华民族的文化瑰宝。教学古诗,不能限于对古诗字面意思的理解和诗句意思的疏通,更应引导学生在历史文化的背景下,对古诗的思想感情加以理解感悟。那么,作为语文教师,如何有效地进行古诗教学呢?

一、视野广

以统编版六年级语文上册第六单元第18课《浪淘沙(其一)》为例,教学中,我力求将古诗放在一个广阔的历史文化背景中引导学生加以解读,帮助学生深入理解诗歌的内在感情。

课前,我先要求学生收集关于诗人刘禹锡的资料、古诗的创作背景等,然后通过课上交流,让学生对诗人一生为官之路的坎坷动荡有了深入了解,更容易体会诗人通过诗句所表达的感情。

二、意境深

本节课,我从"九曲黄河万里沙"中的"九曲""万里"入手,让学生充分感受到黄河曲折蜿蜒、绵延万里的壮观画面,引起学生的阅读兴趣;再通过理解"浪淘""风簸"这两个动词的连用,让学生感受黄河上的险恶风波,河水的汹涌澎湃,从而读出黄河的这种奔腾咆哮的气势;最后在总结欣赏九曲黄河万里沙的静态画面中,让学生感受到黄河的曲折蜿蜒,又从黄河波涛汹涌的视频中感受到"浪淘风簸自天涯"的气吞山河之势。作者这种一静一动、动静结合的描写方法,让读者感受到了黄河的雄伟壮阔、气势磅礴。我在讲解这种写法后,再次引导学生读出黄河的这种气势美、力量美,引导学生由浅入深地体会诗的意境。

三、情感浓

以前两句诗的教学为例,我引导学生从黄河的蜿蜒曲折、汹涌澎湃两个方面进行感悟,力求做到读悟结合,以读深悟,以悟促读。后两句诗的教学抓住"直上"一词，体会诗人一往直前、逆流而上的精神，再通过引入"牛郎织女"的故事，体会诗人诗句中对美好生活的向往，并暗含自己一心想要施展才华、报效国家的家国情怀，以此抓住情感的共鸣点，注重边读边悟，使学生的理解不牵强，且水到渠成。

四、结语

《浪淘沙（其一）》的前两句写得高度凝练，没有涉及具体的生活事件，这对学生理解诗人的心境有较大困难。为了突破难点，我在本课的教学中大胆尝试，补充了对诗人生平及创作背景的资料收集。学生通过对背景资料的理解，加深了对前两句诗的理解，同时也增加了课堂容量，取得了较好的教学效果。同时也为小学生进入中学语文学习做了一定的铺垫。

有些遗憾的是，我本来想在这节课的教学中加入《浪淘沙》其他几首诗的赏析，更利于学生理解诗人刘禹锡的创作风格，但由于时间关系，没有完成。此外，我觉得学生在课堂上有些放不开，想象不够丰富，可能是这首古诗的意境与学生所熟悉的描写自然环境的诗文意境相差较远。今后，我在教学设计上还要深入考虑学情，问题的设计梯度要更明朗，情境的创设要更浓厚，课前的预习要更细致。

本篇作者简介

范玉芳，北京市海淀区中关村第一小学西二旗分校语文教师，2011年获海淀区"师德之星"称号、2014年获海淀区"第九届教育科研成果创新奖"、2016年获海淀区"三八红旗手"称号。

悟情　动情　共情
——谈小学古诗教学中的情感教育

《义务教育语文课程标准（2022年版）》的落地，更加明确了语文教学的育人价值，突出文以载道、以文化人。古诗联结着读者情思，演读着中华历史，彰显着审美意境，展现着中华民族深沉的人文情怀。

古诗中，赠别友人时，可以是"醉不成欢惨将别，别时茫茫江浸月"的难舍，也可以是"莫愁前路无知己，天下谁人不识君"的鼓励；霜染枫林，有人抒发"月落乌啼霜满天，江枫渔火对愁眠"的忧思，有人却觉得是"停车坐爱枫林晚，霜叶红于二月花"的美艳。相同情境下，诗人描绘的是不同的画面，抒发的是不同的内心情感，对诗人情感的理解，能够帮助读者更好地理解古诗内容。在体会诗人情感的过程中，也是读者情思发展的过程。因此，作为一位语文教师，我在古诗教学中，很注重对学生进行情感教育。

一、诵读想象，构建画面，感悟诗人情感

诵读与想象，是体会古诗音律美、构建画面、感受诗人情感的重要手段。

《闻官军收河南河北》这首诗中，诗人那溢于言表的"喜欲狂"是全诗的抓手，围绕这一点，诗中的四幅画面也在诗人的笔下激荡着。课上，我借助"杜甫的心情卡片"学习单，引导学生在反复诵读中抓住关键词句，梳理出诗人的心情画面：喜极而泣——欣喜若狂——放歌纵酒——归心似箭。在找准四幅画面后，我顺势问道："我们把诗句连起来读，边读边想象你自己构建的画面，你又有何感受？"四幅画面连接起来，脑海中呈现出的是一幅动画了，是活生生的又哭又笑、又唱又跳的杜甫了！从诗句到画面，再从画面到动画，是思维的构建与提升，学生由诗句"见"到诗人，生动而鲜活的画面帮助学生加深感受诗人情感。

二、古诗连读，了解诗人诗风，触动内心情感

深入研究诗人，了解诗人诗风，对于诗人的情感理解更加透彻。教学时，我采用"一带多"的方式，引导学生走近诗人，感受诗人的一生，进而理解诗人

情感。

比如，在《闻官军收河南河北》的教学中，在体会诗人情感的环节上，我引入诗人的诗篇《春望》，让学生从中感受到诗中流露出的这种愁绪、愤恨。接着引出写作背景——战乱开始，杜甫带着家小一路流亡，真是"野果充糇粮，卑枝成屋椽"。诗人和流亡的人民一起忍受了国破家亡的痛苦。诗句的对比，背景的渲染，使学生更加理解了杜甫听闻"收蓟北"时的"喜欲狂"！

诗人的喜何以成狂呢？学生课后继续诵读杜甫不同时期的诗句：《望岳》《兵车行》《春望》《春夜喜雨》《闻官军收河南河北》，探究问题："朗读诗歌，查找资料，说说诗句表达的情感有何异同，为什么会这样。绘制自己心中的杜甫人生线。"让学生真正了解诗人生平，走进诗人生活，感诗人所感。学生从古诗入手，初步了解古诗情感，再经过资料的查找和深入的阅读，最后总结与梳理，认识了一个诗风浑厚、存有忧国忧民之心的杜甫。

对诗人的深入了解，有助于学生了解诗人的作诗风格，更深地体会诗歌表达的情感，也为后续学习诗人的其他作品奠定了基础。

三、深入探究，走进历史，共鸣诗人情感

古诗的魅力在于其字字珠玑的诗句美，在于其落笔成画的画面美，在于其诗以言志的志向美，更在于其背后所衍射的段段历史之壮美！而历史又直接造就了诗人。在学习古诗时，了解诗人生活时期的历史背景，对于理解诗人情感起着关键作用。

上面提到在《闻官军收河南河北》的教学中，教师让学生对诗人的生平进行探究，并做了交流讨论：

教师提问：你们对杜甫的哪一首诗、哪一段经历最有感触呢？

有学生回答：《绝句》《春夜喜雨》《江畔独步寻花》，这组诗是诗人在定居草堂时所作，这时候诗人的田地都是自耕自种，体验到了难得的农居的闲适，生活是比较稳定的，心情是放松的，写出的诗也是非常美的，都带给人喜悦的感觉。

教师接着追问：杜甫是哪里人？

学生回答：是河南人。

教师又问：学习《闻官军收河南河北》时，我们了解到草堂在哪里？他为何到此定居？

就这样，在教师的引导下，学生们你一言我一语，借助查找的资料牵出一段唐朝由盛转衰的历史。教师在这里并不是要给学生讲透历史知识，而是借着古诗

叩开历史的大门，了解诗人的生活境况，再借由厚重的历史，支撑古诗的学习，滋养学生的情感，与诗人产生共鸣。

古诗的学习，在斟酌遣词造句，在体悟诗情意境，更在文化的熏陶。一首诗，一位诗人，一段历史，让学生走近诗人，感悟诗情。

本篇作者简介

刘佳，北京市海淀区中关村第一小学西二旗分校语文教师，2022年被评为海淀区第十届"世纪杯"科研论文一等奖、2021年海淀区第九届"世纪杯"语文学科录像课展评优秀奖。

对比阅读习动作细节　练笔实践显人物特点
——《人物描写一组》教学反思

对比是一种阅读策略，也代表一种教学视野。作为语文教师，应该学会联系地看问题，联系地看变化，联系地看特点，这是应该具有的思维方式。语文教师在认识使用教材的时候，首先要有这样的思维支撑，进而打通学生的阅读思维。

一、依语文要素定教学策略

统编版语文五年级下册第五单元，是习作单元。其语文要素为"学习描写人物的基本方法，并能初步运用描写人物的基本方法表现一个人的特点"，而这"基本方法"中尤以细节描写最为精彩。

《人物描写一组》这篇课文由几篇独立的片段组成：《摔跤》《两茎灯草》等。分别刻画了小嘎子、严监生等人的形象。《摔跤》抓住人物丰富的动作细节进行描写，展现了小嘎子和小胖墩儿摔跤时的精彩瞬间，小嘎子的机灵，小胖墩儿的憨厚跃然纸上；《两茎灯草》则抓住严监生临死前简单的动作细节描写，刻画了一个爱财如命的守财奴形象。

由此我们不难看出，《摔跤》和《两茎灯草》两个片段虽然都是通过动作细节展现人物特点，但表达效果却是不同的。因此，我在本节课的教学中，尝试引领学生对比阅读这两个片段，捕捉动作细节描写感悟人物特点，进而引导学生进入到下手写文的过程，走向实践，用动作细节刻画人物，以促进写作能力的提升。

二、从能力递升看要素达成

（一）读《摔跤》对比人物，品迥异性格

《摔跤》这个小片段，是运用连续性的动作，来展现摔跤的精彩过程，进而感受小嘎子机灵、小胖墩儿憨厚的人物特点。如何才能让学生感受到这个精彩的瞬间呢？

1. 师生对话——化解缠斗过程，想象形成画面

教师扮演小嘎子，请一位学生扮演小胖墩儿，把略显呆板的文本朗读变成亲切自然的对话交流。这样一下子就引起了学生的兴趣，把他们迅速带入摔跤的精彩情境中，进而学生不仅化解了一来一往的对局过程，明确了三个回合的交锋，而且在头脑中形成画面，为学生后续自己的演练打下基础。

2. 生生对话——对比行为特点，感受人物形象

因为有了之前师生对话的例子，学生很顺利地进入到生生对话演练中。在你来我往的对阵中见招拆招，通过这样的对话来发现小嘎子和小胖墩儿所采取的不同招数，形成对比。对比出两个人的行为特点，即小嘎子以攻为主，动作灵活讨巧，小胖墩儿以守为主，动作简单稳重，从人物的行为特点感受人物的性格特点，即小嘎子机灵、急躁，小胖墩儿老实、沉稳。

（二）读《两茎灯草》对比片段，品经典魅力

《摔跤》和《两茎灯草》虽然都是通过动作细节描写来刻画人物，但方法上却是不同的。《摔跤》是运用小嘎子和小胖墩儿丰富的动作细节描写展现精彩瞬间；《两茎灯草》中严监生的动作细节描写却是简单到只有"伸着两个指头、摇头、瞪眼、点头"。但是这种简单的动作细节描写是不是就不如丰富的？很显然不是！于是，我引领学生由一篇文章动作细节描写的两个人物的比较，走向两个片段的比较。

《儒林外史》之所以成为经典，就在于文章中没有对严监生的语言描写，也没有更丰富的动作描写，而是在严监生小动作、小变化背后藏着极其丰富的内心世界。如何才能让学生们感受到呢？我想最主要的思维方式应该是推想，引导学生少中见多。

当学生知道严监生动作细微的变化是由于亲人们的四次猜测推动生成，于是我让学生推想严监生每一次的心里在想些什么。这一环节，学生的表现尤为精彩："怎么猜不对呢？简直是驴唇不对马嘴！""我只是想挑掉一茎灯草，太费油了！我太难了！""哎呀，确实和银子有关，可内容不对呀，不是没盼咐明白，是那一茎灯草费钱呀！""不对不对，怎么一个个都猜不对呀，我人还在呢，没病死都快被你们急死了！""终于猜对了，还是你懂我呀！"……学生根据文中亲人的四次猜测及严监生的动作细节，真切地走进严监生丰富的内心世界，这个极其吝啬的守财奴形象便逐渐明朗起来。

通过对比两个片段，学生发现严监生的动作细节描写，看似简单实则奇巧，是一种更加高级的描写方法，进而感受经典作品的魅力所在。

（三）写动作细节片段，显人物特点

如果前边的学习都叫作对人物描写方法的认知，那课堂最后的片段练习就叫作实践。学生能够运用阅读中习得的两种动作细节描写方法，自主进行片段练习，巩固方法，学以致用。学生所写的人物动作细节具体，特点鲜明突出，为单元习作《形形色色的人》打下坚实的基础，实现了由读向写的转化。这样也就落实了本单元的语文要素：学习、运用描写人物的基本方法，具体地表现一个人的特点。

本篇作者简介

王增云，北京市第八中学京西附属小学教师，小学语文教学素材《"字源歌"图卡》在2018年度首都原创课程辅助资源征集评选活动中被评为一等奖。2021年被评为北京市小学语文骨干教师，2022年被评为北京市优秀教师。

激发学习兴趣 培养思维能力
——《线段、直线、射线、角》教学反思

数学是一门逻辑性很强的学科,借助于概念、判断、推理等思维形式,对事物进行观察、比较、分析、综合、抽象、概括、判断、推理等。这就是说,学好数学,必须具备数学思维能力。

《义务教育课程标准(2022年版)》把课程目标分为四个方面,即知识与技能、数学思考、问题解决、情感态度与价值观。显然,在原基础上,新课标进一步强调了"数学思考"和"问题解决"。因此,对新课标背景下的教学来讲,学生数学思维能力的培养尤为重要,这有利于学生更好地理清数学内部的逻辑关系,激发学生学习数学的兴趣,培养学生发现、分析、解决数学问题和运用数学的能力,提高课堂教学效率。下面以数学四年级上册《线段、直线、射线、角》一课为例,反思自己的教法。

一、教学过程

为了上好《线段、直线、射线、角》这一课,我首先带领学生回忆什么是线段,线段具有哪些特征。以线段为基础,引出了直线、射线和角,随后又分别介绍了它们各自的表示方法。主要教学目标是学生能建立起线段、直线、射线三种线的联系和区别,了解射线和角之间的关系:由一个点引出的两条射线构成了一个角,这个点叫作角的顶点,这两条射线叫作角的边。

上课时,我们先用一个谜底是"线段"的谜语引发学生对本堂课的好奇心,随即帮助学生回忆线段的定义以及"端点"这一概念。在此基础上,用"灯塔""射灯"等形象的事物让学生认识射线,并在与学生的问答中总结射线的定义和特点。之后是认识直线,让学生认知到直线是没有端点可以无限延长的线。

在认识了三种线之后,用一些例题让学生加深对"线段、直线、射线"的认识,并组织他们分组讨论,在交流中产生自己的观点和想法。授课的最后一部分则是关于角的概念和特点以及怎样表示角。

在教学内容基本完成后,我们又用师生交流以及布置小测验等方式加深学生的印象，提高学生在课上对本堂课内容的吸收和掌握。并且在课堂将要结束时，帮助学生对本堂课所有学习内容再做一次梳理，也鼓励学生在课后对本节课的内容进行交流和复习。

二、教学体会

（一）课前分析教材，调整教学设计，为教学做充足准备

对教材进行分析是教学过程中最基本也最重要的准备工作，是教师工作的重要内容之一。教材分析关系到教师的课程设计、课程内容的组织、教学方法的选择与课堂教学的实施，关系到教学目的与教育目标的实现。

以本次教学为例，"直线、射线和角"是义务教育课程标准实验教科书人教版四年级的内容。课程内容主要包括认识线段、射线、直线，进一步认识角，这些是图形概念中的入门部分，是后续继续进行几何学习的基础。教材在设计上从现实存在的模型入手，让学生借助直观的具体事物，对射线和直线的特点有初步了解。

在教学中，我们参考了教材的思路，同样给学生展示看得见、摸得到的具象事物，在讲解中逐步抽象化，建立射线、直线的概念，辨析线段、射线和直线的联系与区别，并在此基础上引出角的定义和它的符号表示。

（二）课堂的教学方法多样化，顺应学生能力发展

首先，课堂上学生可以将自己理解的三种线画下来，在黑板上进行展示，全班共同交流。既能让学生表达自己的想法，又可以倾听他人的思路。在这个过程中，学生语言的交流更是数学思维思考的一种外化过程。

随着时代的迅猛发展，利用电子课件为学生进行展示尤为方便。例如，在射线的认识过程中，可以利用课件呈现激光灯的光束或是手电筒的光束，还可以进行动态演示。学生能够非常直观地看到射线的"端点"以及射线的一段可以"无限延伸"。

当学生对三种线有了一定感知之后，还可以利用自己的肢体（两只胳膊）感受三种线。例如：在表示直线的时候，学生就可以将双臂打开，想象自己的双臂是一条直线，这条线顺着自己的指尖"无限延伸出去"，感受线段的时候，就攥紧自己的小拳头，当作两个小端点。

学生经历了表达、观察、动作的理解过程，通过多种方式深化对于三种线的理解，自然就会建立了三种线的区别与联系。从而，突破了本节课的重难点

环节。

(三) 课后及时总结回顾，发展学生数学思维

所学知识要想牢固掌握，光靠一节课的努力是远远不够的，教师在课上要全力保障学生掌握辨析线段、射线和直线的联系与区别，了解角的概念。对于没有很好掌握的同学则应该及时给予辅导，帮助其找出不足与疏漏，及时补救，选择适合学生的方法进行理解。

当然，教学是一个长期的过程。学生数学思维的发展与培养也不是一朝一夕就能实现的。只有每一节课立足于学生的生长点，进行后续的教学才能让学生的思维如同竹子一般节节生长、笔直向上！

本篇作者简介

马博文，北京市朝阳区垂杨柳中心小学劲松分校教研组长、学科组长，2021年被评为北京市中小学"学生喜爱的班主任"。论文《数字赋能 助力"双减"——单元作业设计探索》荣获全国教育科学"十三五"规划教育部规划课题一等奖。论文《在数据分析中培养学生数据分析观念提升应用意识》荣获北京市2022年"落实全教会精神，提升基础教育质量"主题征文二等奖。

杨爽，北京市朝阳区垂杨柳中心小学劲松分校教师，朝阳区"阳光杯"优秀班主任。论文《"双减"背景下小学数学作业设计策略分析》获北京市2021—2022学年度基础教育科学研究论文三等奖。论文《小学数学教育中学生独立思考能力的培养策略》获北京市2022年"落实全教会精神，提升基础教育质量"主题征文三等奖。

践行理想教育文化 推进自主深度学习
——《积的变化规律》教学反思

《积的变化规律》，是人教版数学四年级上册第四单元的教学内容。这部分内容是在学生掌握三位数乘两位数基本算法和算理之后安排的，主要呈现的是一个因数不变，另一个因数发生变化，从而引起积也随着变化的规律。

在课堂教学中，我依托学校的理想教育文化课题，采取合作对话式教学，清晰师生、生生、师生与时空之间的合作关系，通过"扰启、实践、质疑、内省"达成共同目标——学生成长。

一、对话唤醒，初步感受"变"与"不变"的规律

课堂伊始，我先讲述"玉兔二号"月球车的故事，激发学生的学习兴趣。月球车以每分钟 3 米的速度在月球行进，探测拍照，向地球发回了很多珍贵的资料。那么，在 2 分钟、4 分钟、12 分钟这些时间段里，月球车分别会行进多少米？这样一个有趣的对话唤醒环节，既渗透了爱国主义教育，又成功唤醒了学生与教师之间的对话愿望。

二、在次主题的设定中发现、探索并验证规律

教师写下一组算式，让学生观察。

$$3\times2=6 \quad 3\times4=12 \quad 3\times12=36$$

次主题一的设定，是让学生通过刚才的这一组算式，在内省中发现规律，学生通过观察、思考，从不同的角度自主发现：

（一）一个因数不变，另一个因数变大，积也随着变大。

（二）一个因数不变，另一个因数乘（除以）几，积也随着乘（除以）几。

对比这两种发现，启发学生的思维：哪一种发现更符合实际？很快就有学生通过内省进行质疑：第一种规律只能说明变化的情况，而第二种规律则说明了具体是怎么变的。

这一过程不仅促进了生生之间的合作对话，将发现的规律用语言去表达，更培养了学生抽象思维、归纳推理能力。

通过一组算式发现的规律，不能称为规律，所以就有了次主题二的设定：自主举例，验证规律。学生在举例子的同时，教师重点去搜集第一个因数变化、第二个因数不变的资源，目的是让学生感受到不管是第一个因数发生变化，还是第二个因数发生变化，积的变化与因数的变化之间都存在相依的关系。这样一方面，在变与不变的多次观察和比较中，加深学生对积的变化与因数变化之间关系的理解；另一方面，有利于学生充分感知规律的具体内容，在发现与提出猜想的过程中培养分析、比较、归纳和概括的能力。

次主题三是在次主题一和次主题二的基础上，进一步让学生总结规律。这个环节鼓励学生用喜欢的方式表达自己的想法。在学生经历"发现规律——提出猜想——验证规律"的探索后，及时通过内省的方式，促使学生从"经历"走向"经验"，有利于他们感悟归纳的思想方法，积累探索学习的思维经验，也实现了学生个体发展和核心素养的提升。

三、拓展实践，强化规律

拓展题目：$6\times8=48$　　$12\times4=48$　　$24\times2=48$

（一）说说你发现了什么规律？

（二）举例验证你发现的规律。

前面学习的积的变化规律，实际上渗透了正比例函数的模型思想。在拓展实践环节，我和学生们又探究了当积不变时，两个因数又会发生怎样的变化。这既是积的变化规律的拓展，同时也渗透了反比例函数的模型思想。

理想教育文化提出在合作对话式教学过程中，教师不再强行教给学生生搬硬套的死知识，要像剥洋葱一样，围绕一个主问题，通过层层深入思考，让学生在动态中完成"深度学习"，使学生获得终身学习的方法和态度，培养学生解决生活实际问题的能力。我在本节课的教学中努力做到这一点，紧紧围绕主题和次主题展开，通过"发现规律——提出猜想——验证规律"这一过程，让学生经历知识的产生过程，在这个过程中力求联系生活实际，为相对枯燥的规律探索增加一抹温暖的亮色。

本篇作者简介

陈银苹，北京市朝阳区实验小学福源分校数学教师、班主任，朝阳区教育系统优秀青年教师。获得首届"朝阳杯"中小学教师基本功培训与展示活动中荣获小学段数学学科说课项目一等奖。

在情境教学中发展学生数学核心素养
——以《长方体、正方体整理与复习》一课为例

新课标的核心要求就是发展学生的核心素养，通过基于核心素养的教学，帮助学生形成必备品格和关键能力，让学生能适应社会发展，会生活。生活中处处有数学。因此，在教学过程中，教师应当抓住适当的契机，根据学生的特点，依托日常生活经验，努力创设真实具体的情境氛围，让学生自觉地融入到具体的教学情境之中，感受数学知识，理解数学知识，内化数学知识，提高数学学习效率。

一、巧设教学情境，激发学生学习兴趣

托尔斯泰说："成功的教学所需要的不是强制，而是激发学生的兴趣。"兴趣是一种内在的心理情感需求，是促使人们做出某种行动的原动力，一个好的教学情境能激发学生的学习兴趣和探索欲望。数学学习对于小学生来说，相对枯燥，如果教师能努力创设一些生活化的教学情境，就能激发学生对新知识的好奇心，从而让课堂教学起到事半功倍的效果。

教师：最近小明家装修新房，小明和爸爸要一起做个鱼缸放在客厅里。他们准备用角钢做这个鱼缸的棱，四周装上玻璃。同学们，你们觉得要做成这个鱼缸，他们应该考虑哪些问题呢？

预设：学生1——需要多长的角钢？

学生2——需要多大的玻璃？

学生3——鱼缸体积有多大？

设计意图：数学源于对现实世界的抽象，创设学生比较熟悉的生活情境，让学生自己去发现问题、提出问题，既落实了新课标所要求的用数学的眼光观察现实世界这一核心素养点，又可以有效激发学生兴趣，促使学生积极地融入课堂教学环节，激活学生的思维，提高教学效率。

二、巧用教学情境，凸显学生主体地位

学生是学习的主体，在教学中，教师要用好教学情境，这样可以激发学生学习动机，加强学生学习动力，促使学生享受整个学习过程，主动去探索、获取知识，变"要我学"为"我要学"，真正体现学生的主体性地位，培养学生的自主学习能力。

教师：同学们，你们提出的问题真的是小明和爸爸需要考虑的问题。那这些问题你们会解决吗？需要什么条件呢？

看，老师给你们提供了三组条件，你觉得该选择哪一组呢？

第一组：长6厘米，宽4厘米，高5厘米

第二组：长6分米，宽4分米，高5分米

第三组：长6米，宽4米，高5米

设计意图：让学生真正成为学习的主人，给出多组数据，让学生自己选择；每组数据是否合适，让学生用自己喜欢的方法去表达，把学生引入到身临其境的环境中去，使他们主动去探索、去发现，自然地生发学习需求。这样做，学生参与度广，在互动讨论、辨析的过程中找到合适的数据。通过这个过程，能让不同层次的学生有不同的收获感和成就感，这样既发展了学生的空间观念，又提升了学生综合考虑问题能力，教师只在关键处进行点拨，真正让学生成为课堂的主人。

三、巧借教学情境，培养学生创新思维

创新是一个民族生存、发展的灵魂，是人类发展进步的动力。作为教师，我们教学中的一项基本任务就是培养学生的创新思维能力。小学数学课程又是一门极富启迪心智、培养创新能力的课程，对于学生的创新思维的培养起到了非常重要的作用，在平时的课堂教学中，教师要善于借助教学情境，调动学生学习的积极性，启发学生的创新思维，活跃课堂氛围，提升教学效果。

教师：这个鱼缸终于做好了，可以买鱼了，于是小明就来到了市场，鱼的品种可真多。小明买了鱼，高兴地回家了，你说他回家该做什么呢？对，鱼儿离不开水，他要先给鱼缸放上水，这时你又想到了什么？

鱼缸放入水，水的体积就是鱼缸的容积。但是鱼缸不能放满水，因为鱼也要

占一定的空间。放满水，再放鱼，水就溢出来了。

你觉得放入多少水合适呢？

小明接受大家的建议，鱼缸水深4分米。现在我又想到了一个数学问题，你知道我要问什么吗？

对，现在谁知道水的体积怎样求？

学生：（计算并回答）。

教师：同学们说得可真好。快看看，现在鱼儿欢快地回家了，猜猜鱼缸现在的水位有什么变化啊？对，现在的水位是4.5分米了，为什么升高呢？那你们知道鱼儿的体积是多少吗？

设计意图：一个简简单单的小鱼缸，在教师有意地引导下，为学生提供了广阔的思考空间，激发了他们挑战问题的欲望，使之全神贯注地投入到课堂学习中来。

爱因斯坦说："提出一个问题往往比解决一个问题更重要。"在观察鱼缸的过程中，配上多媒体演示等活动，让学生在这种充满了生活气息的情境中，不断去发现并提出新的问题。这样，他们的大脑始终处于活跃的思维状态，这样的课堂就会如一池活水，焕发生机与活力。长此以往，学生就会从"学死知识"的困境中走出来，学生的潜能不断地被挖掘，我们的教学也就会收到意外的惊喜。

总之，好的教学设计必须营造轻松愉悦的氛围，好的课堂氛围离不开情境的设计，只有教师设计与学生生活息息相关、与课堂教学有关的真实情境，设置适切的学生活动，学生才能找到情感的共鸣或产生认知冲突，提高学生学习的主动性和积极性，让学生乐学数学，核心素养才能落地生根。

本篇作者简介

刘丽娜，北京市海淀区中关村第一小学怀柔分校数学教师，2019年被评为怀柔区教学质量标兵，2021年荣获怀柔区教学能手称号，2022年执教的课例《字母表示数》，在第二十届全国新世纪小学数学课程与教学系列研讨会"儿童符号意识发展"活动中荣获全国一等奖。

基于小学英语线上教学实效性的思考

新冠疫情的出现与反复对常态教育教学带来了很大影响。在"抗疫"的特殊时期，教师们借助网络进行线上授课，学生通过线上直播或录播的形式进行居家学习。虽然疫情期间授课方式发生了转变，但教学的本质没有变化。如何借助线上教学落实教学目标，保证课堂实效性是需要我们思考的问题。

本文以提升线上课堂的实效性为出发点，对过去一段时间的线上教学进行反思：怎样更好地借助扎实的课堂活动，促进学生参与来提升课堂实效性。

一、课堂互动要有频度

线上授课时隔着屏幕，课堂教学很容易变成教师个人的"一言堂"，效果事倍功半。教师可以通过提升课堂互动频率的方式改进课堂氛围，引导学生参与课堂活动。上课开始，教师可以开门见山地向学生展示并说明本节课的学习目标，以及会通过什么样的学习活动来达成目标，让学生对课堂学习做到心中有数，为课堂互动做准备。课堂互动可采用教师点名和学生自主发言两种形式，教师点名一是为了检验学生是否在线听讲，思路是否跟得上；二是为了给予更多学生参与课堂的机会，尤其是班级学习上比较吃力的学生，点名互动能够让学生感受到老师对自己的关注，从而增强学习的自信心。同时也可以让学生之间进行互动，比如，一位学生回答问题后可以由该学生自主邀请下一位回答问题的学生，如此接龙进行。课堂对话练习时也可以由一位学生点名延伸至下一位学生，这样既增强了课堂互动，也为课堂添加了趣味性。

高频度的互动可以让课堂更有活力，但并不意味教师要不停地提问，学生一直在回答问题。教师的问题要主次有序，详略得当，课堂互动要有其价值所在，不能盲目。

二、课堂交流要有深度

线上教学，如果仅仅处在浅层课堂互动，比如读单词、课文，回答事实性问题等，时间长了，频度越高反而会让学生感到倦怠，出现应付心态。有了课堂互动的频度后，教师要注意课堂互动，也应关注互动交流的深度。

英语课堂中可以借助 how/why 引领的问题发散学生思维，激励学生思考。如在学习母亲节、父亲节话题时，学习与节日相关的语言知识、文化知识后，教师可以提出问题：Why do we need holidays? 我们为什么需要节日？学生参与的积极性很高，有的说是为了纪念、庆祝，有的说是为了家人团聚，有的说是为了表达孩子对父母的爱，等等。在学习职业话题时，教师抛出问题引发学生思考：不同的人从事不同的职业，你如何看待他们的工作？比如疫情之下我们离不开的医护人员、社区工作者、快递员等？这样的交流活动与学生的实际生活相关联，学生从课本学习迁移融入自身生活，进行自然的表达，比如他们的工作对我们都很有帮助，我们应该感谢他们，他们是我们的守护者等等。

启发性的问题和对话旨在启发学生进行高阶思维，最大化地还原线下课堂状态，学生主动参与，进行深度学习，语言能力和课堂育人同步进行，润物无声，达成教育教学目标。

三、借助评价激励参与度

对积极参与线上学习、互动的学生及时进行鼓励、表扬，树立班级或小组学习榜样，激励越来越多的学生有更好的课堂表现。教师的鼓励和表扬可以是即时的口头表达，结合学生的情况给予具体的、有针对性的评价，可以让学生获得不一样的成就感。教师也可以定期进行线上学习的总结，通过奖励小红花、发奖卡等形式给予鼓励。同时引导学生进行同伴互评，学生自评，在互相学习、自我反思中取长补短，学会调整学习策略，培养学生的自主学习能力。

经过一段时间的尝试与摸索，线上教学积累了一定的经验，在课堂互动、学生主体性方面有了一定的改进，但在引导学生如何进行更好的自主学习，对学生自主学习能力的培养方面还存在不足。我们应及时总结经验，反思不足，从而促使线上教学能够取得最优化的效果，让线上学习同样精彩，助力学生成长。

本篇作者简介

　　张行行，北京市朝阳区垂杨柳中心小学劲松分校英语教师。首届"朝阳杯"中小学教师基本功培训与展示活动中荣获小学段英语学科单元教学设计项目荣获二等奖，案例《"双减"背景下信息技术支持的英语课后活动案例》在中国教育技术协会中小学专业委员会"2022年智慧教育应用成果征集与推荐活动"中被推荐为"智慧教育入选作品"。

　　史宇轩，北京市朝阳区垂杨柳中心小学劲松分校英语教师。在"基于技术环境的英语教学整合"课题项目中荣获最佳课堂风范奖，在第十届全国自主教育峰会北京论坛论文评比活动中，论文《浅析小学生自主学习能力在"听前预测"方法中的培养和提高》荣获一等奖。

让学生真正成为学习的主人
——英语公开课教学反思

教师上公开课，一个最大的积极作用就是能给教师以压力和动力，使教师得到历练，对其今后的教学工作有很大的促进作用。

回想自己所上的一节公开课，感受颇深。

本节课，我选择的是人教版英语八年级下册《Unit 3 I'm more outgoing than my sister.》第一课时，上课内容 1a－2c，上课地点是八年级一班。本节课是第三单元的第一课时，围绕"Talk about personal traits and compare people"这个话题开展教学活动。主要教学内容是关于形容词和副词的比较级的用法及学习，通过读、说、听、写来培养学生综合运用语言的能力。本节课学习之后，学生基本上学会了如何运用目标语言去对人们的外表和个性进行比较，初步掌握了一些常用形容词和副词比较级的用法。总的说来，这节课比较贴近现实生活，实用性非常强，学生参与课堂的意愿也非常强。

这节课的设计理念，就是让学生真正地参与到课堂学习中来，并做到乐学善学。经过初一年级的学习和积累，多数学生学习英语的能力有了一定的提升，但是从班级整体上看，英语还是薄弱学科。所以在教学设计中，我尝试着让学生克服困难，把英语学习运用到现实生活中，在英语实践中去体会学习的快乐，逐渐学会去主动学习和探究，最后成为学习的主人。

为了吸引学生积极参与课堂，我对各个教学环节都进行了精心设计，因为我知道，教师唱独角戏或者少部分学生参与的课堂注定死气沉沉，毫无生机可言的，正所谓：Tell me, I'll forget it. Show me, I'll remember it. Involve me, I'll learn it.

课前的热身环节，我播放了一首英文歌曲《My Heart Beats A Little Bit Faster》，把歌词呈现在电脑屏幕上，其中形容词和副词的比较级用红笔标注出来。欣赏着优美的歌曲，学生的注意力一下子就被吸引过来，很快融入了课堂氛围。

新课导入环节，我展示了几组学生小时候的照片跟现在照片的对比，要求大

家用形容词和副词的比较级来描述这些同学的变化。因为是本班同学，小时候的照片又特别可爱，所以代入感特别强，学生一下子就兴奋起来，纷纷举手发言，气氛非常热烈，为接下来的"头脑风暴"环节开了一个好头。

"头脑风暴"环节，我要求学生尽可能多地列举出一些描述人的外表和个性的形容词，并指出它们的比较级。学生争先恐后地补充词汇，有些词汇已经相当罕见和高级了，连观摩的听课教师也不禁赞叹学生丰富的词汇量和参与课堂的积极性。

在听力环节，我也做了一下改变。虽然有现成的录音，但是我还是花了很长的时间在网上找到了相关的动画视频，动画人物所呈现的面部表情和肢体语言，可以更好地辅助学生去听懂对话内容。对话环节是对形容词和副词比较级的运用，我在大屏幕上呈现了一幅幅精美的图片，并有足够的文字提示，为学生搭建了足够的台阶，鼓励他们大胆去说英语。对于英语能力薄弱的学生来说，他们往往自信心不足，不敢主动去开口说英语，我要做的就是要 Make it easy and give them hope，这样他们才能树立起信心，从而变被动为主动，做学习的主人。

最后的总结环节，我设计了一个幸运转盘的游戏，举手的学生先转动一下转盘，最后转盘停下来的时候指针会指向一个形容词或副词，该学生需要说出它的比较级，如果指针指向"lucky"一词，该学生将得到一个小礼物。这个活动一下子把学生的情绪调动起来了，大家纷纷举手要求参与，有些学生甚至激动得离开了座位。我尽可能地让更多的学生参与游戏，教室里充满了欢声笑语。学生在玩中学，学中玩，非常轻松地就掌握了所学知识，课堂气氛也被推到了高潮。

课后，我与部分学生进行了交流，他们说这节课设计新颖，生动有趣，教学形式多样，自己从中收获了很多，希望以后能多上这样的公开课。听课教师也说我在课堂上亲切的笑容、期待的眼神、鼓励的话语，都给他们留下了深刻的印象。

当然，我自己也是收获颇丰，心中充满了感动和成就感。上课前进行的大量准备工作虽然辛苦，但是看到课堂上学生积极参与，乐于探究，这一切的付出都是值得的。在今后的教学中，我还会更加努力地去研究教材，研究学生，争取让更多的学生能够喜欢英语并乐于学习英语。

> **本篇作者简介**
>
> 李寒冰，中国人民大学附属中学第二分校英语教师，2018年获得海淀区"风采杯"中学教师教学案例成果展示三等奖。2019年被评为北京市中小学"学生喜爱的班主任"。2020年被评为海淀区"优秀班主任"。

小单元　大设计
——《电解池》单元教学反思

《电解池》是高二化学选择性必修1（人教版）第四章的教学内容，作为一个小的单元整体，我设计分3课时完成教学内容。

本单元教学的最大特点是以发展化学学科核心素养为主旨，从学生已有的知识和经验作为教学的起点，设计了切合学生实际的教学情境，并通过创设、推进和迁移情境，使学生在积极的状态下，实现了从电解单一体系到复杂体系的学习进阶，最终落实并发展了学生"证据推理与模型认知"和"宏观辨识与微观探析"的化学学科核心素养。

单元教学设计是发展学生核心素养并促进课堂教学转型的有效着力点，现从以下三个方面反思本单元的教学：

一、关注学生认知起点，促进新知多维生长

本单元教学的授课对象为高二选考化学的学生，虽然他们在初、高中多个阶段接触过电解池，但是对电解池的工作原理及应用并没有特别深入的理解。因此，在电解体系的选择上，本设计兼顾了学生的认知水平，本着由浅入深、由简到繁的原则，设计为由简单体系过渡到复杂体系。

例如：在第1课时，从学生熟悉的实验"电解水（单一体系）"引入，目的是减少体系的复杂因素，降低学生进行第一步学习的难度。

例如：在第2课时，基于学生在第1课时中建立电解池的认知模型，短期内还不能达到熟练掌握的程度，部分学生也缺乏将理论知识应用于解决实际问题的能力，在课堂教学中通过设计有梯度和有层次的问题来促进学生系统思维的发展。如：在学生已经获得用惰性电极电解 $CuCl_2$ 溶液的思维经验后，通过用 SO_4^{2-} 替换阴离子 Cl^-、用 Cu 替换电极材料石墨、用 Na^+ 替换阳离子 Cu^{2+} 等环节，帮助学生实现对电解池认知模型的深入理解；再如：先通过设计实现 Cu 与稀硫酸反应的简单实验，建立理论模型与实际应用之间进行关联之后，再进行较复杂的氯碱工业的装置改进，从而达成发展并完善电解池认知模型的教学目标。

二、创新教学策略，培养高阶思维

高阶思维理论来源于教育家布鲁姆的教学认知论，它是指发生在较高认知水平层次上的心智活动或认知能力，如分析、综合、评价和创造。化学是具有很强理论性和实践性的科学课程，在高中化学教学过程中，教师应有意识地培养学生的高阶思维能力。

例如：在设计本单元第 2 课时，通过对电解饱和食盐水装置进行改造的一系列问题的讨论及"我为氯碱工业设计装置"的教学环节，触发了学生的高阶思维，借助假设、分析、推理等过程，不断提升学生的思维品质。特别是在电解装置中添加"阳离子交换膜"的突破性改进，着力培养了学生的创新意识和利用化学知识解决实际问题的能力，同时帮助学生认识到新材料给现代工业带来的变化。

例如：在第 2 课时，以个性化作业为支点，推进学生高阶思维能力的发展。

【作业示例】请改进下图电解装置，用于家庭生产含氯消毒液（主要成分 NaClO）。

【作业示例】

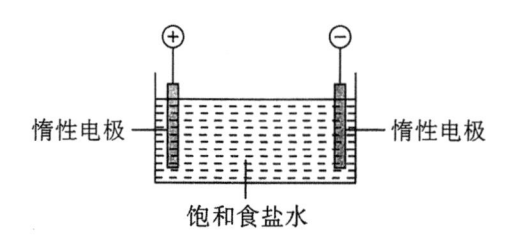

三、融入思政教育，发展核心素养

中学生正处于树立正确观念，形成科学认知态度的关键期，在传授化学知识的同时，适度融入思政教育有利于培养学生的爱国主义情怀，提高学生的社会责任感，真正实现全面育人。本设计着力挖掘了教材中的思政元素，并将其有效地融入了课堂教学。

例如：在第 2 课时的教学中，依托氯碱工业的真实情境，通过对我国氯碱工业发展情况的介绍，使学生明确氯碱工业的地位和作用，增强学生的社会责任感；通过知识与技术的融合，帮助学生认识电解在实现物质转化中的具体应用。

例如：在第 3 课时，通过对电冶金、电镀和含铬废水处理的讨论，使学生切实体会了化学对人类社会进步的重要贡献。

本设计通过任务引领与推进的方式，让学生在螺旋式递进的课堂教学中，不断接受新的思维挑战，促使学生从浅层学习沉浸入深度的学习模式，提升了学生的学科思维水平；学生通过体验科学探究过程中的核心要素：提出问题和假设、设计方案、实施实验、获取证据、分析解释、形成结论及交流评价等，发展了"证据推理与模型认知"和"宏观辨识与微观探析"的化学学科核心素养。

本篇作者简介

游宏，北京市第九中学化学教师、化学教研组组长，北京市优秀教师，北京市化学学科骨干教师，石景山区优秀教育工作者，石景山区党外知识分子联谊会理事会理事，曾兼任石景山区化学教研员。

巧构教学方式　培育法治观念
——《宪法是根本法》教学反思

思政课是落实立德树人任务的关键课程，道德与法治课程是义务教育阶段的思政课，旨在提升学生思想政治素质、道德修养、法治素养和人格修养等；德润人心，法安天下，统编版《道德与法治》将六年级上册定位为法治专册，专册教材以宪法精神为主线，突出国家意识和公民意识教育，以培育法治观念核心素养为主，帮助青少年初步树立法治观念，养成自觉守法、遇事找法、解决问题靠法的思维习惯和行为方式。

《宪法是根本法》是统编版道德与法治六年级上册第一单元《我们的守护者》中的第二课。第一单元作为本册教材的起始单元，通过引导学生对社会现象的观察与思考，了解生活中的法律及其作用，认识宪法的法律地位，学习关于宪法的基本知识，帮助学生树立宪法意识，崇尚宪法权威。在《宪法是根本法》主题教学中，我发现法治教育要从教材使用、资源补充、活动设计等多维度准确有效地切入，在教学过程中注重核心素养的培养，提高法治教学实效性。

一、深入分析　巧用教材

（一）调整教材顺序

依据教学目标，在理解教材的基础上，灵活和创造性地使用教材；可以按照学生年龄特点和教学目标，在实际教学中，有目的地调整教材呈现顺序和方式，把教材逻辑转换成教学逻辑。例如：在理解体会"宪法具有最高法律效力"教学过程中，根据学生认知发展规律，可以调整本话题的第一个和第二个活动园的呈现顺序，并把第二个活动园转化成学生自主搜集的资料。通过课前搜集资料，课上找相同，分析发现宪法是普通法律制定的基础和依据，这种关系用图画的方式呈现出来其实就是第一个活动园中的图片，接着可以适时呈现第一个活动园中的内容了。

（二）丰富教学内容

在实际教学中，把法治案例引进课堂，不仅有助于完成教学目标，还能够让学生直观地感受到法律与生活的关系，明白懂法知法的重要性。例如，在第二课时《宪法具有最高法律效力》教学中，可以呈现"拆迁遇上宪法"的真实社会案例，通过问题"这个案例说明了什么"引发学生深入思考，让其明确任何法律不得与宪法相抵触。另外，在本主题教学中，每个课时都使用了视频资源，围绕"宪法为什么是根本法"核心问题，安排相关视频，帮助学生理解宪法的重要地位，理解宪法是根本法。

二、多样活动　激活课堂

（一）课前活动，辅助课堂

课前充分发挥学生搜集资料、筛选有用信息的能力，完成调查作业，并且把学生的调查资料转换成课堂教学资源，拉近学生与教材的距离，能够有效完成教学目标。

（二）课中活动，激活课堂

依据学生年龄特点，设立多种情境，突破重难点。为了使学生能够理解宪法具有最高法律效力，创设"比较分析""法律家族大聚会""法眼看事"等多种情境，把学生带入其中，帮助学生理解、体会宪法具有最高法律效力，宪法是根本法，而且活动的难度和思维训练也是逐步增强的，不仅符合学生思维发展梯度，还可以锻炼学生法治意识和法治思维能力，最终生成法治观念核心素养。

（三）课后活动，巩固课堂

课后实践作业的布置，不仅能够检验学生对知识理解的掌握程度，还能够激发学生的创新思维。如：绘制法律家族关系网、制作宪法宣传标语等创新型作业。

总之，这节课堂教学有优点也有需要改善的地方，我将继续努力学习，改进不足之处，关注学生实际获得，围绕培育学生核心素养进行教学设计，培养学生的法治观念，提高教学实效性。

本篇作者简介

田艳薇，北京市大兴区庞各庄镇第一中心小学道德与法治教师、少先队大队辅导员，大兴区道德与法治学科带头人、大兴区十佳辅导员。

在生活的土壤中开出思维之花
——《我们知道的动物》教学反思

《我们知道的动物》是教科版科学小学一年级下册动物单元的第一课。如何引领学生走进观察与认识动物的大门，是上好本节课的关键。

一、教学背景

本课作为单元起始课，除了引出单元学习对象外，同时担负着了解学生前概念的任务。让学生在相互交流中感受地球上生存着多种多样的动物，体会动物的多样性。通过多种动物的比较，期望学生发现动物的一些共同特征，如：都会运动、需要进食、能繁殖、会生长、需要空气、有生命等。最后，通过动物与玩具熊的比较活动，帮助学生进一步理解动物的共同特征，在培养学生证据意识的同时，指向"动物是生物，是有生命的"这一单元核心概念。

二、教学过程

本课主要分为四部分：创设情境、观察讨论、思维加工、迁移应用。

第一部分：创设情境，提取前认知。

出示情境图片：我们要举行动物狂欢派对，动物们都想参加，但名额有限。你想邀请谁？说说理由。

设计的问题尊重儿童天性，从有趣的举行动物派对情境出发调动学生兴趣，再利用一个个追问引导学生描述自己知道的某种动物特征。例如：学生说出一种动物，可以通过"它生活在哪里？身体什么样？皮毛什么颜色？"等问题，引导学生细致描述。

第二部分：观察讨论，寻找证据。

第一个观察活动：观察猫的特征。

继续用情境带入，出示跟猫有关的几个动图，引导学生从不同角度描述猫的特征，帮助学生学会从身体结构、运动、行为习惯等多方面描述动物特征的方法，为后边做铺垫。

第二个观察活动：分小组观察不同动物的特征。

继续出示 3 种动物图片，给学生提出"代言人"任务，小组观察讨论，要求像刚才介绍猫的特点一样介绍自己所代言的动物。

每个小组分配的动物不同，用刚才学过的描述方法讨论本组分配动物的特征，用气泡图的方式记录便于全班交流。

第三部分：思维加工，归纳动物的共同特征。

观察板书中的 4 种动物特征，最终形成动物会呼吸、会吃食物、会运动、有身体结构、有生命等的科学认识。

第四部分：迁移应用，解决问题。

教师出示玩具熊也想参加动物派对的情境，引导学生利用已了解的动物知识认识动物的特征，采用演绎法推理玩具熊是不是动物，并借助提供的句式，用三段论的方法表达自己的观点。

最后总结"代言人"表现，利用"炫酷"的动物世界视频吸引学生注意力，体会动物世界的多样性，把课堂推向高潮，为后续课程做铺垫。

三、教学反思

（一）情境教学——"动物狂欢派对"贯串整堂课

低年级学生注意力集中的时间有限，纯理论性教学很难抓住他们的眼球，所以设置了要开"动物狂欢派对"的情境，让学生当"代言人"介绍各种动物的特征，真正让他们参与到课堂中。

（二）利用动图、组图形式帮助学生观察，体会动物有生命

本节课中采用了 4 种动物让学生观察，种类涵盖哺乳动物、鸟类、两栖动物和鱼类。传统的观察图片的教学方式过于枯燥，而让学生观察动物实物或标本不利于课堂组织，于是我搜集了大量的动图，从中挑选出动物吃食物、玩耍、跑跳等动图，形成一组展示给学生，既能帮助学生体会动物有生命，又便于组织课堂教学。

（三）帮、扶、放，提高学生思维能力

在观察第一种动物"猫"的时候就采用气泡图的方式，预设出学生会想到的猫的特征，等学生说到这一特征时贴到黑板上，起到"帮、扶"的作用。学生小组观察时利用大气泡图记录单，把观察和想到的动物特征填到气泡中，"放"手给他们，为后续归纳活动做准备。

（四）生生交流，学生成为课堂主人

在交流汇报时每组选一位"代言人"上台分享本组的成果。在这一环节中，汇报完毕后，"代言人"对其他学生提问并自己找同学回答，真的像老师一样，你来我往，逐渐把观察的这种动物的特征补充完整。低年级学生语言表达能力比较弱，需要教师提醒、指导，利用这种交流形式锻炼和提升学生的表达能力。

本篇作者简介

王希，北京市朝阳区垂杨柳中心小学劲松分校科学教师，劲松学区教研工作站小学科学学科中心组成员。2019 年、2022 年，先后两次被评为"朝阳区优秀青年教师"。

孟宪蕊，北京市朝阳区垂杨柳中心小学劲松分校科学教师，2019 年至 2021 年被评为"朝阳区优秀青年教师"。

设计情境　巧妙提问
——给体育课插上生动有趣的翅膀

义务教育新课程标准依据新时代党和国家对教育的新要求，以培养"有理想、有本领、有担当"的新时代人为目标。如何通过构建高效课堂将立德树人、核心素养培育体现在一节节活生生的课堂之上，使学生有所成长、有所收获，是所有教师共同的初心使命！

在小学体育课上，只有遵从从易到难、由浅入深、循序渐进的教学规律，才能让学生更快、更有效地掌握一项运动项目，并使之感受到运动的快乐，从而对体育课产生浓厚的兴趣。针对不同水平的学生，体育教师应充分掌握学情，在了解学生生理、心理和已掌握运动技能的基础上，合理对教学内容进行拆解、整合与设计。

在小学一年级《持轻物投准》课堂上，我首先对教学对象进行了关于投掷的前测，了解学生的基本学情：学生从幼儿园过渡到一年级仅仅半年，年龄小，注意力易分散，其身体协调能力较差，对技术动作的理解较浅。虽然学生通过《原地正向持轻物投远》单元的学习，已经初步掌握了原地肩上投掷的基本动作方法，但依旧存在投掷时肘关节低于肩、出手角度不合适等问题，需要教师反复指导与纠正。但学生同时也具有年龄小、喜游戏、爱活动、欢乐活泼、对新鲜事物充满兴趣和热情的特点。因此，为了能更好地调动学生的学练参与感，合理有趣的情境设计在教学中就显得尤为重要。

首先，从学生熟知的、喜爱的动画形象出发设计情境。本课中，我通过《母鸡萝丝去散步》绘本，将农场中爱吃母鸡的狐狸引入课堂，吸引学生进入"打败狐狸、守护农场"的情境，提高学生学习的兴趣与热情。玩中学、玩中练，无论是准备活动的热身、学习投掷技能，还是知识延伸或是放松身心，都始终围绕绘本内容——"打跑狐狸"的情境展开，通过巧妙设计各种小游戏和小比赛引导学生进行练习，既达到"教学、勤练、常赛"的目的，完成本课的教学目标，又给学生更大的发展余地，使不同能力的学生有不同的收获，每个人都能分享成功的喜悦。

其次，巧用过渡语对学生进行启发与提问。启发式的学习和切合主题、直指目标的提问，能有效激发学生主动思考，引导学生从"被动学"到"主动学"。而对于水平低段的学生，需要在课堂上用巧妙的过渡语连接起"想"与"做"、"思"与"练"的桥梁，使教学环节各个步骤的过渡更加自然与流畅。比如，在投准练习中，用"请同学们想想除了用纸团当炸弹，我们还能用其他什么轻物当炸弹"的提问，引导学生体会纸团、海绵包、沙包等不同重量物体在投准时的不同区别。用"狐狸离我们越来越远了""狐狸从谷堆上跑到了房顶上"，引出不同距离、不同高度的投准时需要如何调整出手方向……通过丰富有趣的语言，营造一个让学生乐于练习的情境，在情境中体验运动的乐趣。学生的积极性高了，勇于尝试和参与了，会更有利于教学目标的达成。

最后，帮助学生掌握知识技能的同时，发展能力、情感、态度与价值观。体育课程的实施不单单是学会跑、跳、投等技术动作，更重要的是"享受乐趣、增强体质、健全人格、锤炼意志"。这一教学目标需要贯串到每一节体育课中。学生在投准课堂上学习的不仅仅是如何做到"肩上屈肘、动作协调连贯"，更重要的是在不断地学练过程中学会如何团队协作、与个人和集体的交往，养成积极进取、不怕困难的体育精神，以及遵守规则、自尊自信的体育品格。这需要教师在课堂上发挥教育智慧，抓住育人契机，适时地对学生进行渗透与教育。

给体育课插上生动有趣的翅膀，"当学生有兴趣时，他们学得最好；当学生遭遇到理智的挑战时，他们学得最好；当学生发现知识的个人意义时，他们学得最好；当学生能自由参与探索与创新时，他们学得最好；当学生被鼓舞和信任做重要事情时，他们学得最好；当学生对教师充满信任和热爱时，他们学得最好"。作为体育教师，需要摸索和探究的还有很多，可谓任重道远，让我们静待花开，真正帮助学生在体育锻炼的过程中享受运动参与和成长的快乐。

本篇作者简介

金亚宇，北京市海淀区中关村一小西二旗分校体育教师。2019年北京市中小学优秀体课例评选二等奖，2021年获海淀区"四有教师""青年岗位能手"称号，2022年海淀区小学骨干教师教学基本功比赛荣获课例一等奖、论文特等奖。

有效激发体育课学习动机的几点策略

正确的学习动机既是掌握知识的必要条件，又是形成高尚的道德品质的重要组成部分。在教学中有目的、有计划地开展丰富多彩的体育活动，让学生们在玩中学、玩中练，促进身心和谐发展；让学生体验上体育课的乐趣，达到体育锻炼目标。这不仅仅能充分体现体育教学的教学思想，而且能对提高体育核心素养起到事半功倍的作用。

一、激发学习动机的意义

有效激发学习动机能直接影响学生的学习态度。学生学习动机强烈，完成学习任务的信心和决心就大，克服学习过程中遇到的困难的意志就强。学习动机的培养和激发，既是促进教师改革教学内容和方法的手段，也是提高学生学习效果和综合素质的途径，是学校工作的重要任务之一。正确的学习动机既是掌握知识的必要条件，又是形成高尚的道德品质的重要组成部分。学习动机是推动人们学习的内部动力，是学习需要的具体表现。它可以唤起、维持、指导人们的学习行为。

二、有效激发学习动机的策略

（一）创设情境，激发情感

人的情感总是在特定的情境中产生的，创设良好的教学情境对学生学习情感的产生具有很大的作用，体育教学也不例外。比如：教师在前滚翻教学中这样讲道："孩子们，今天我们来看天！"学生一听这有什么稀奇的？都仰头望着天空。这时教师又说了："可是今日我们看天的方式有点儿异常。"这下强烈的好奇心可把学生吸引住了。"怎样看天呢？我们从胯下看，谁能双手着垫翻过去，并能看到天，谁就是这节课的英雄。"听了教师的讲述，学生个个都跃跃欲试。所以，

激发学生的体育兴趣,创设情境激发他们的学习愿望,启发他们创造性学习,为终身欢乐体育奠定良好的基础。

(二)让音乐走进课堂,营造体育教学氛围

体育课是靠单调、重复的练习来锻炼身体的,这是很多人给体育课下的定义。在这里要对大家说,体育的锻炼并不只是单调重复的机械活动,在体育课上我们仍然有美的享受。这就是让音乐走进课堂。比如:随着教师的讲解、示范,播放轻音乐,在学生练习过程中播放儿童轻欢乐曲,在体育课结束部分用音乐舞蹈的形式来结束课程。这样除了增加课堂的愉快气氛外,还能减轻学生运动的疲劳,并提高学生对体育课的兴趣。让学生以最佳的心理状态进行各种活动,寓教于乐,这不仅是优质体育课的需要,更是未来体育课的趋势。

(三)游戏化教学,增加学习兴趣

很多人认为体育课应当是跑啊、跳啊,让学生机械重复的练习。其实,从儿童的生理及心理特点出发,在课堂上嵌入游戏,能够使得课堂效果大大提升,体育课也是如此。人们喜欢把教师比喻为"辛勤的园丁",而学生则是花圃中初绽的花朵。在体育课上只要稍加留意,就会发现有些"花朵"无精打采。之所以这样,正是因为体育课的枯燥乏味。这时,教师只要用游戏的手段来提高学生的学习兴趣,就会使体育课堂变得生动多姿,学生听起来就会有滋有味,动起来也会生龙活虎,"花朵"自然盛开。

(四)师生共同参与活动,提高体育教学进取性

体育教学是双向多边的复杂活动。体育教师掌握着教学方向、进度和资料。在体育课中即使有了简便愉快的音乐和丰富趣味的游戏,教师不参与活动,只是让学生活动,这样的游戏毫无生机,学生玩一会儿就毫无兴趣,教师就经常和学生一起活动,效果就十分明显。所以,师生共同参与活动是学生欢乐体育的重要途径。如果师生之间是命令与服从,根本就谈不上欢乐可言,欢乐体育就是要建立师生之间和谐平等的关系。

(五)改变教法,加强体育教学创新性

一个优秀的体育教师要随时让学生体验上体育课的乐趣,每堂课都有新感受,喜欢上体育课。学生第一次上课做"老鹰捉小鸡"的游戏一定会很感兴趣,

第二次也许还是有兴趣，那第三次呢？以后呢？时代在进步，教育在创新。只有教师不断更新观念，改变教法，才能促进体育教学的发展，才能让体育课真正快乐起来。

> **本篇作者简介**
>
> 赵达鑫，北京市朝阳区垂杨柳中心小学劲松分校体育教师，朝阳区优秀青年教师。
>
> 盖紫尘，北京市朝阳区垂杨柳中心小学劲松分校体育教师。荣获朝阳区第三届"扬帆杯"新教师教学技能培训与展示活动三等奖。
>
> 杨军，北京市朝阳区垂杨柳中心小学体育教师，朝阳区优秀青年教师。

守护"星星"的使者

患有孤独症的孩子，一般多表现为人际交往障碍、语言交流障碍、兴趣及行为单一。也正因为他们拥有和其他人不同的思维方式，也被称为"星星的孩子"。对这些孩子的教育，教师需要付出更多的爱心与耐心。

一、情景回放

今天我们随意翻看手机中的图片，想找几张照得好的班级图片做一个微视频，无意中看到图片中一个小男孩和同学嬉戏打闹、满操场跑闹的画面。只见他穿着单衣，跑得满头大汗……透着屏幕你也能感受到他的快乐！你会说，这个画面很正常，每天上演无数次！我们承认，但是你会想到这是一个"星星的孩子"脸上有的表情吗？

二、案例分析

一年级的时候，我们在班里照常让孩子进行"自我介绍"，当轮到昊昊（化名）时，我们叫了几次他都不理我们。难道是念错名字了？不可能呀！我们又看看名单，没错！我走过去，温柔地对他说："昊昊，该你介绍自己了。"只听他也说道："昊昊，该你介绍自己了。""啊？"怎么重复我的话？我又说了一遍，他也认真地跟着说了一遍。几次试探后，我们觉得有问题了！多年从事班主任工作的我真是没有遇到过这种情况，所以放学后我把孩子的妈妈留了下来，把当天的事情告诉了她，并委婉地询问孩子到底是什么情况。此时他妈妈泪如雨下，诉说着孩子的情况："昊昊两岁被查出患有自闭症。"自从知道孩子这种情况后，她就把自己令人羡慕的工作辞掉了。这些年昊昊的妈妈从没放弃对昊昊的治疗，在各大医院和相应的专业机构奔波。昊昊虽然有了一些起色，但是和正常孩子比还是有不同的。多年来的辛酸和疲惫，一次又一次的失望、绝望的折磨，使原本很漂亮的昊昊妈妈变得比实际年龄苍老很多。我们知道班中有这么一个孩子是非常牵扯精力的，但是为了帮助一个可爱的孩子，我们所要应对的困难又是多么微不足道！

三、具体措施

（一）耐心呵护，让孩子敞开心扉

患有孤独症的孩子，内心极度胆小，需要获得比常人更多的呵护他才会敞开心扉交流。记得一年级上学期，昊昊不主动喝水、不主动去厕所，经常会尿裤子，我们就在明显的地方标注：要提醒喝水、去厕所。吃饭的时候，经常询问："饭好吃吗？"让昊昊和我们坐在一起吃饭。有好吃的东西我们也会叫他一起品尝，温柔地问："好吃吗？"上学、放学时给昊昊一个温暖的拥抱，像妈妈对待孩子一样呵护他、关爱他！由于我们的付出，昊昊在学校经常叫我们"妈妈"，然后又改口叫我们"老师"。看到昊昊的变化，我们的心里真是很高兴，因为我们的努力没有白费。

（二）伙伴互助，让孩子感受温暖

由于昊昊的行为言语有时会显得怪异，班中会有淘气的男孩恶作剧。一天，我们发现任凭怎么让他去厕所，他就是没反应。我们特别奇怪，就向其他同学询问，才得知有男孩子在昊昊上厕所的时候，摸他屁股，并且揪着他的手转圈。他特别害怕，所以才憋着不敢去厕所。我们第一反应是赶紧拉着昊昊去了一趟厕所，因为有我们在，他心里感到很安全，顺利小便完出来蹦跳着，我们手拉手回了班。接着我们马上把那几个小淘气包找来，询问情况，果然如其他同学所说的那样。我们在全班宣布：班集体是个温暖的大家庭，同学们要互相关爱、互相帮助。为了帮助一些同学树立责任心，我们还召开了班会，结成互帮互助小组，不仅小组成员们要互相帮助，小组间也要互助。在此之后，我们经常发现课间的时候，有的同学拉着昊昊一起玩，有的同学帮助昊昊穿好衣服，有的同学为昊昊擦汗。昊昊开心地和同学追跑，我们顺手拍了下来，便有了开头的那张照片。

四、案例反思

来自"星星"的他，让我们的教育生涯又添了浓墨一笔，爱的教育被无数次

提到，但碰到来自"星星"的他时，才让我们知道一名教育工作者所肩负的重任又有着何等的重要意义。爱心的产生与血缘无关，但却与工作的责任心息息相关。

本篇作者简介

徐松楠，北京市朝阳区垂杨柳中心小学劲松分校教师，朝阳区骨干班主任。文章《令人怦然心动的书包》获得朝阳区中小学班主任教育故事征文评比一等奖。

张越，北京市朝阳区垂杨柳中心小学劲松分校教师。朝阳区"阳光杯"优秀班主任，参与研究"十三五"德育专项重点课题获得"先进个人"，论文《照进孩子心中一束光》《我是值日生》荣获"朝阳区中小学班主任教育故事"一等奖。

张立立，北京市朝阳区垂杨柳中心小学劲松分校教师，朝阳区骨干班主任。撰写的文章《有心插柳，无痕培育》获得朝阳区中小学班主任教育故事征文评比一等奖。论文《营造良好氛围，解锁班级幸福密码》获得北京市教师"基本功与专业能力"教育教学研究成果一等奖。

以心为镜　温暖如春
——一年级学生心理健康教育心得

开学伊始，我们发现一年级学生普遍存在着情绪问题，主要表现为：自己的意愿与要求没有得到满足就大喊大叫、摔东西，忘了带学具就大哭责怪家长没有给自己准备好，家长没有给自己买喜欢的东西就生闷气，同学之间遇到问题先是大发脾气然后指责别人的错误，因为一个字没写好就撕习字本、扔笔，等等。

情绪是一种复杂心理活动的具体表现，一些表现看似是不良行为，其实是情绪在作怪，教师往往是关注学生的行为而忽视其情绪问题。面对这些问题，需要教师融入更多的情感，用更多的耐心去温暖学生，帮助学生。在这个过程中，让学生充分感受到老师的关爱与尊重，从而接受老师的帮助，调节不良情绪。

一、听心，情绪问题宜疏忌堵

人的情绪会直接影响行为。每个人都会有不同的情绪，这是正常现象。情绪问题最好的解决办法是疏导而不是堵截，因为情绪的淤积会带来心理隐患，危害性极大。教师可以设置一个温暖的"情绪缓解区"，当学生情绪失控时，把不良情绪发泄出来，之后再平心静气地与学生沟通。在交流时一定要注意倾听，让学生把自己的想法、做法说清楚，再根据具体情况予以引导。疏导时一定要根据学生的年龄特点，用他们感兴趣的话题和事件帮助他们转移坏情绪，让他们慢慢发现平静的语气和方式会令人感到舒服和愉悦，坏情绪也会慢慢消失。

二、齐心，家校共育先要育心

学生的情绪问题，一部分源于家庭的影响，家长的坏脾气会直接影响孩子的情绪，过度的唠叨和指责会让孩子的焦虑倍增。为了躲避这些负面影响，孩子就会变成刺猬来保护自己，当家长声音大的时候，孩子就会用更大的声音去反抗，然后家长就以更猛烈的声音来压迫孩子。这是一个恶性循环，时间越久越难改变。

长时间生活在一个缺少快乐和温暖的生活环境中，孩子就会变得暴躁、烦躁、缺乏安全感。

另外，隔代的过度关爱和无底线妥协，也是学生出现情绪问题的诱因。所以要解决孩子的不良情绪，正确的家庭教育至关重要。适当的切入点，家长的共识和积极有效的融入，家庭沟通方式的改变，建立温馨的家庭氛围，是帮助孩子调整情绪的关键。

三、暖心，心理技术应用要有温度

一把钥匙开一把锁，每个学生都有自己的特点。这就要求教师一定要了解每个学生的实际情况选择恰当的心理技术，考虑到学生的承受力与适应力，制订合适的方案和流程。比如心理剧和团队小游戏等，可以帮助学生充分地放松和积极地融入，是非常有效的辅导方法。温暖的语言，慈爱的笑容，专注地聆听，每一个环节都要让需要帮助的学生感受到爱和温暖。

四、尽心，简单方法处理复杂问题

面对有情绪问题的学生，如果只针对表面现象进行情绪技能的辅导，可能效果不是很好，也不能长效而根本地解决问题。只有找到学生不良情绪产生的真正原因，心理辅导才能起到效果。特别是由于家庭因素造成的情绪问题，教师除了针对学生自身的行为问题进行矫正之外，一定要回归到问题本身，与学生进行深入的沟通，了解学生的期待；同时要充分做好家长的工作，得到家长最大限度的支持；尤其是低年级学生，一定要从他们的身心发展特点出发，用最简单的方法来解决问题。

五、恒心，辅导要坚持连续性

对学生的心理辅导，是一个细致漫长的过程，不会立竿见影。尤其是小学生，需要一个改变和反复的过程。也许几次辅导都没有理想的效果，心理教师一定要有耐心，有爱心，有信念，有恒心。真心实意地帮助每一个需要帮助的学生，切不能半途而废、虎头蛇尾。特别是感觉效果不明显，转变不显著的时候，心理教师一定不要轻言放弃，要及时调整方案，给学生的转变留有足够的时间和空间。

我们深信，心理教师的爱大于心理技术本身的应用，每一次心理辅导都是心与心的碰撞，就像一面镜子，折射爱与关怀，照亮学生的心田。只要坚持下去，学生一定会回馈给我们微笑、自信、成长和春天般的温暖！

本篇作者简介

陈蓓，北京市朝阳区垂杨柳中心小学劲松分校德育主任、心理教师，高级教师，2022年被评为朝阳区教育系统学科教学带头人。论文《戏剧艺术融入心理健康课程提升学生人际交往能力》在朝阳区第十四届中小学艺术教育论文（案例）评选中获一等奖。

刘金辉，北京市朝阳区垂杨柳中心小学劲松分校教师，朝阳区"阳光杯"优秀班主任。论文《单元整体教学设计的指明灯》在北京市语文现代化研究会第八届年会评比中获一等奖。

侯雪，北京市朝阳区垂杨柳中心小学劲松分校教研组长、学科组长，朝阳区"阳光杯"优秀班主任，荣获"孙敬修杯"儿童故事邀请赛优秀辅导奖，教学基本功展示《找次品》荣获二等奖，论文《这个孩子怎么了》荣获中国教育学会学术年会二等奖，论文《让孩子心中充满阳光》荣获朝阳区中小学教育故事三等奖。

基于人工智能文字识别技术的信息科技课程实践初探

学生是教育的主体，教师是教育的主导，教师引导促进学生自主成长，二者相辅相成，共同促进人的终身发展。

一、活动背景

如今，人工智能技术在生活中被广泛应用，如机场安检、酒店入住等场景应用了人脸识别技术，家庭中的智能音箱运用了智能语音技术，等等。

生活在智能时代，学生应该具备利用人工智能应用解决身边问题的能力。比如，垃圾分类中不知道垃圾如何分类，可以使用垃圾分类小程序识别后，准确投放垃圾；遇到不认识的单词时，可以使用翻译软件；等等。这些用于解决生活中实际问题的技能，可以通过人工智能技术来认知学习。

在人工智能资源的选择上，既可以是硬件资源也可以是软件资源。硬件设备在生活中已经被广泛应用，能够解决真实问题，如智能音箱、语音翻译笔等。但是由于硬件资源封装严密，不能看到其中的执行过程，因此对于学生仅停留在体验阶段，不能感受理解人工智能技术的原理。

基于这样的情况，我们在信息技术课的教学中，选择了更适宜学生体验、学习、理解、感受人工智能的软件平台"机器学习"网站，基于学情和"机器学习"网站平台，设计了《体验机器学习——编写智能垃圾分类小程序》的人工智能实践课程。学生在学习过程中，既体验了人工智能技术解决垃圾分类的实际问题，又能够感受人工智能技术的功能与效果，以及对原理进行初步探究。

二、活动内容

在"机器学习"网站，教师可以根据使用者提供的数据，建立相应的机器学习模型，帮助学生了解机器学习模型建立的过程。学生可以使用相应的模型训练计算机识别数据，计算机会给出相应的识别概率。在这个过程中，引导学生分析出程序设计流程图。借助流程图和机器学习命令模块，在 Scratch 中编写程序。

《体验机器学习——编写智能垃圾分类小程序》课程，是在"机器学习"网站中通过收集四类垃圾的分类数据，使用收集到的垃圾分类数据训练计算机能够识别这些数据，在这个过程中引导学生分析出不同的识别概率以及识别错误产生的原因。通过分析这些问题，学生知道了人工智能从提取数据到分析数据、学习数据的转变，了解了"机器学习"与大数据的关系，初步理解"机器学习"的技术原理。再借助流程图和机器学习模块在 Scratch 中设计智能垃圾分类小程序。整个过程中，从学生的生活实际需求入手，在体验中发现问题，运用技术解决问题，在解决问题的过程中初步理解"机器学习"的原理以及学习模型建立的过程。最后运用 Scratch 编程软件设计智能垃圾分类小程序。

三、活动目标

（一）了解机器学的过程，创建垃圾分类学习项目。

（二）借助"机器学习"网站，自主探究建立垃圾分类的学习模型，通过识别不同垃圾的概率，分析出机器学习模型与大数据的关系。

（三）利用尝试、操作、生生交流的方法分析流程图，依据流程图编写垃圾分类小程序。

四、活动效果

体现"做中学，用中学，创中学"的教学理念。

从贴近学生日常生活的人工智能技术出发，学生通过动手动脑等实践活动，体验人工智能机器学习的过程，感知人工智能技术的原理、方法；在探究的过程中尝试提出新问题、新思路、新办法，达到发展创新意识和提高解决实际问题能力的目的。

从体验人工智能技术到感知人工智能技术的原理和方法。

人工智能教育与编程教育相结合的方式符合《义务教育信息科技课程标准（2022版）》和《中小学人工智能课程开发标准（试行）》中提出的关于人工智能和编程教学的要求。学生在主题活动中体验了人工智能技术解决实际生活问题，同时也在探究过程中学习到人工智能技术的原理和方法，编写出智能垃圾分类小程序，经历了从体验到感知的过程。

分解任务建立关系模型，提升计算思维能力。

在编程教学中，最理想的学习是学生能够根据需求编写出脚本，这也是体现学生解决问题能力的表现之一。大部分学生能够在教师的引导下，完成既定目标

的学习。但是当要实现一个指定效果的脚本，能够独立完成的学生少之又少。我们认为主要是在编程中需求分析这个环节中出现了问题。学生不能够抽象出事物的本质特征和内在联系，需求分析无从下手。编程的第一步不能实现，后续的设计、调试等就不能顺利进行。为此，帮助学生抽象建模的思路和方法是提升学生解决问题能力的必要手段。

本篇作者简介

贾宁，北京市朝阳区垂杨柳中心小学劲松分校信息技术教师，2022年3月被评为"朝阳区教育系统骨干教师"。

曾佳玮，北京市朝阳区垂杨柳中心小学劲松分校信息技术教师。荣获朝阳区举办的"朝阳杯"二等奖，朝阳区"扬帆杯"新教师说课比赛三等奖。

多彩社团筑基童年　五育并举踔厉前行

从12名学生参加的"黏土动画课外小组"起步，到上百名学生参与的"定格动画工作室"；从只能依靠外聘教师助力运转，到本校艺术学科骨干教师全员任教；到获评东城区"三星一院"实验系列品牌特色社团——星光京剧团、星光合唱团、星光生命与科学社团、翰博书画院。十年来，我和伙伴们深耕社团，锲而不舍，收获了"全国无废校园建设"试点学校、"时代小先生"示范校、北京市中小学生植物栽培实践活动示范校、京津冀优秀美术社团等丰硕成果，社团特色活动升级迭代，品牌教师在成长，品牌社团在绽放。

红领巾主题升旗仪式、劳动教育、感恩教育……丰富多彩的社团活动，为学生植入新时代少年的家国情怀，筑基童年，成就未来。

随着东城区基础教育改革的推进，史家实验学校纳入北京市第二中学教育集团。新征程，新起点，我将和伙伴们秉承史家教育集团"打开学习空间，赋能学生成长"的课程理念，对接北京市第二中学教育集团"全面优质，追求卓越"的办学目标，以"打开、链接、融合、协作、创造"为高质量发展的核心目标，以提高德育质量、提升智育水平、强化体育锻炼、增强美育熏陶、深化劳动教育为抓手，进一步升级完善学校原有课程体系，向着打造独具东城特色的"小初高人才一体化"长链条贯通培养模式特色校踔厉前行。

本篇作者简介

王燕红，北京市东城区史家实验学校工会主席，北京市骨干教师，东城区先进工作者，东城区美术兼职教研员。

深深话，浅浅说
——家校沟通有感

古人曾说："事缓则圆，好从慢来。"在教育孩子方面，家长更是急不得。孩子的成长有规律，家长对于孩子的关注也会随着年龄的增长而发生变化。班主任要根据学生的年龄特点和家长的关注点不断调整教育方法，始终保持和家长同频共振，就能取得最好的教育效果。在这方面，我进行了一些探索。

一、相关背景

今年9月新学期开学，我迎来了39位活蹦乱跳的一年级新生。受新冠疫情影响，新生们入学前大部分时间居家，而我则从六年级接手一年级，师生彼此都有太多的不适应。刚毕业的六年级学生是我的目光刚到，他们就心领神会；而现在的一年级新生则是点名时喊名字犹如泥牛入海，站队总是找不到自己的位置，不懂"往后传"的意思，不知道什么是写一个字空一个格，即使尺子在手也不能画出两点连成一线，晨读时看着实物投影画面依然找不到所读的诗……而这些都可以慢慢来，迫在眉睫的是要让家长放心，知道孩子在学校不会受到其他同学的欺负。

二、问题出现

班上有个小男生在与同学交流时，总喜欢用肢体动作表达自己的意思，虽然力道不大，但很多同学不喜欢这样的相处方式，这样就难免出现小摩擦。一天晚上，一位学生家长给我发来信息，说自家的孩子上体育课时被别的同学打破了嘴唇，孩子找了体育老师但老师没有理会。家长询问我是否了解具体情况，字里行间吐露着不满；还有个小男孩课间时玩耍没站稳摔了一下，耳朵磕破流了血，孩子的奶奶知道情况后，追问孩子是自己伤的吗。诸如此类的问题，是一年级新生经常发生的，也是家长最为关心的。

三、应对策略

对于六七岁的孩子来说，他们之间出现小摩擦很正常，有磕磕碰碰在所难免。对班主任来说，首先要做的事是打消家长的顾虑，使其能够以平常心正确看待孩子自身和同学之间发生的一切。

我先找来出现摩擦的两个孩子，了解他们之间到底发生了什么。一般来说，当事人都会向着自己有利的一面去解释，小孩子更是如此，他们一张嘴便是"他怎么样……"我打断两个孩子的争辩，让他们把右手背在后面，只伸出左手，不接触任何物体要拍出响声。两个孩子当然是做不到，一脸茫然。我说："现在你们俩都用左手对击试试。"他们相对击掌拍响了。我心平气和地说："这就叫'一个巴掌拍不响'。你们两人之间发生的摩擦，就像两个巴掌拍在一起，与谁都有关系。现在你们只能用'我'来说一说，当时你们之间到底发生了什么？"

小孩子心地纯良，只要适当引导他们便心领神会。两个孩子分别认识到了自己的问题，一个孩子说："是我先拍了他。"另一个孩子说："是我还手碰伤了他的嘴。"我趁热打铁说："原来是这样，看来你们都不是想欺负对方，只是在相互玩耍时方式不当，你们应该向对方说什么？"

四、处理效果

听完我的话，两个孩子相互道歉，表示彼此原谅。接下来我告诉他们：与同学相处，要用别人能接受的方式；当觉得别人让自己不舒服时要告诉对方，而不是动手解决问题；当遇到问题自己解决不了时，要及时找老师解决问题。

我留下嘴唇受伤的孩子，与他一起分析这件事：老师已经帮他解决了问题，动手的同学已经道歉，自己也原谅同学了，这事就算过去了；这件事是因为自己先动手引起的，所以自己也有一定的责任；遇到事情时要第一时间告诉老师。

当天晚上，我收到了家长发来的信息，不仅表达了感谢，还表示要引导孩子学会正确与同伴交往。

五、事后反思

对孩子的教育，班主任和家长的目的都是一样的，都是为了孩子好。只要双方沟通好，彼此信任，就会事半功倍。

一是要换位思考。问题发生了，班主任要做到遇事不急，不要纠结在具体事情上，而是找到家长最关注的点，站在家长的角度去分析，让家长感受到班主任

对孩子的关爱。得到家长的认可后，再将孩子的问题反馈给家长，共同解决问题。深深话，浅浅说。

二是对学生要有耐心。当学生出现问题时，对问题的解决不要急于求成。要一点点引导，让学生懂得遇事要先从自身找问题，要多看同伴的优点。明心见性，心中有爱，眼中有美，自己就会长成美好的样子。

三是要正确引导。面对学生间发生的问题，班主任要引导学生把问题的来龙去脉向家长说清楚，不能以偏概全。由于学生年龄小，需要班主任多次反复强调才能记住，长长的路要慢慢地走，事缓则圆，好从慢来。

本篇作者简介

晋芃，北京市东城区培新小学教师，2021年荣获东城区教育系统"师德标兵"。

教 学 随 笔

教研里闪闪发光的教案

> 教学随笔,也可以说是"教学心得"。将教学中某一点体会最深的心得进行整理总结,就是很好的教学随笔。
>
> 教学随笔的特点就是一个"随"字——随便、随手、随心,正所谓率性而为,不必拘泥。
>
> 写好教学随笔在于善于观察,勤于思考,有感而发。当然也要有创新和文采,以独特的视角去审视教学,以流畅的文笔去记录教学中的点点滴滴。
>
> "不积跬步,无以至千里;不积小流,无以成江海。"把成功的经验记下来,把失误的教训记下来,把困惑不解的迷茫记下来,把豁然开朗的智慧记下来……只要热爱课堂,热爱学生,只要用心观察、用脑思考,笔耕不辍,终会笔下生花!

以阅读教学提升学生习作能力

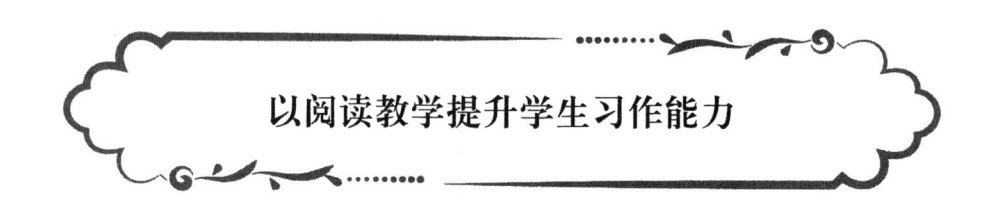

语文，即语言文字，是我们人际交往的工具，获取信息、感知世界的途径，发展思维、获得审美体验的载体。叶圣陶先生说过："学生须能读书，须能作文，故特设语文课以训之。"由此可见，阅读、书写是学生必备的本领，更是语文教学的目标。阅读中学习作方法，习作中促阅读能力，是语文教学遵循的法则。

一、明确阅读教学与习作能力的关系

统编版语文教材的特点是"双线组元结构"，即采用"人文主题"与"语文要素"双线组织单元的结构。每个单元都有明确的"人文主题"和"语文要素"，课文和习作都紧密围绕"人文主题"和"语文要素"展开。能让教师清晰本单元的教学重难点，同时也为学生学习指明了方向，使阅读教学与习作的结合更加紧密。

备课时，教师要有大单元意识，建立单元学习任务群。也就是在学习单元阅读前，教师要进行单元整体备课，运用问题倒推法分析每课课后思考题，如何有效落实单元目标，如何与单元习作目标有效结合，如何设计单元基础型、发展型学习任务群。在教学时，有意识引导学生清晰单元习作目标与地位，教师也要在每一堂阅读教学中有意识渗透习作目标。

二、搭建阅读教学与习作教学的桥梁

在阅读教学中，学生通过阅读掌握习作的方法和技巧，教师引导学生将习得的方法运用到习作当中，最终实现阅读教学与习作指导并行。

品味阅读，激发写作兴趣。在阅读教学中，教师应充分挖掘语言文字的美，引导学生品味感悟其中的魅力，通过揣摩语言文字，感受发现语言文字的魅力，受到熏陶与感染，产生创作的兴趣。在教学中通过读一读、圈一圈、想一想、讲一讲等方法深入学习，感受语言文字的魅力。

品读语言，积累语言文字。在课堂上，教师要有意识地指导学生掌握积累的方法，多读多背，摘录优美的词、句、段，让课文中的优美语句语言尽可能地留在脑海里，养成积累好词佳句的好习惯。

三、利用阅读教学渗透习作应用方法

仿课文结构，学习作思路。高尔基说过："对初学写作来说，不在读书和模仿中写些什么，就很难有什么创造。"可见仿写对于提高写作水平具有重要意义。写作从三年级开始，重在培养学生的写作兴趣和自信心。所以，对于刚刚接触习作的学生来说，借助范文指导学生仿写，就如书法中的临摹一样，是学生写作的良好开端。在习作教学中，让学生通过学习课文、范文，先体会各种写作方法的技巧和语言，降低写的难度，进而激发学生的写作兴趣，逐步提高写作的能力。

走进课文文本，学语言表达。在课堂教学中，教师积极引导学生对语言文字的品位，放手让学生充分地去阅读课文，反复地朗读课文，抓住关键词句，加深对课文内容的理解，让学生充分地感受语言文字的魅力。利用多种方法，重点理解关键词句，切实体会到作者描写的内容、表达的情感，走进课文文本，学习、模仿作者的表达语句，感受语言的魅力。

四、实践阅读教学呈现习作水平成果

随着阅读教学过程中兴趣的激发、方法的渗透、语言的积累、思路的学习，学生对于习作的立意，有了高度的要求，对于习作的内容，有了细节的侧重。习作课堂"活起来"了，学生主动表达的频次高了，语言更具美感、规范性了，耗费时间短了；结构完整，详略得当，丰富的修辞手法，生动的情节描写，真挚的情感抒发。这些是学生们对课堂教学的最好反馈，是对语文教师的最大褒奖。

本篇作者简介

李翠，北京市朝阳区垂杨柳中心小学劲松分校语文教师，朝阳区优秀青年班主任。2022北京市"少年领读者"经典好书共读活动暨《书香北京—少年读书会》特别节目"校园行"计划荣获优秀指导教师荣誉称号。

史赛，北京市朝阳区垂杨柳中心小学劲松分校班主任、语文教师，2019—2020学朝阳区"阳光杯"优秀班主任，获国家社会科学基金"十三五"规划二等奖，论文《绘本阅读，让语文课堂"活起来"》在北京市语文现代化第八届论文评比中获二等奖。

用好统编教材 培养观察能力
——以四年级上册第三单元教学为例

语文教学中,强调将语文的形象思维与文字表述的抽象表达相结合,培养学生的观察能力。从这个意义上说,语文课堂上对于观察能力的培养有着其他学科不具备的优势。本文结合教材与学生观察能力培养的当下现状,以统编版语文四年级上册第三单元教学内容为例,探讨在语文教学中,如何对学生进行观察能力的培养。

一、学生观察能力培养存在的问题

(一)观察意识薄弱

大多数教师在自己的学生时代并没有接受过系统性的观察能力训练,很少关注学生观察能力的产生及能力强弱。显然,这是学生观察能力培养的一大误区,同时也是一个薄弱环节。

(二)观察训练随意

语文课堂针对"观察"领域的教学,应建立在教师设计有明确观察目的、制订详细且符合学生认知水平的观察计划的基础上进行。但目前多数教师并没有进行上述课堂设计,观察训练随意无目的。

二、统编教材对于"观察"能力培养提供的积极支持

(一)内容编排具有年龄段特征

为解决上述问题,统编版教材在教学内容编排及方法呈现等领域给予了极大的支持,对于学生"观察"能力的要求贯串到了一至六年级的每一册教材中。在中年龄段,教材主要引导学生观察静态的图片、景物等较为具象的内容;到了高年龄段,引导学生逐步关注到人物的性格爱好、景色的变化过程等内在的、动态的、更具有思维高度的领域。

（二）能力培养注重螺旋式提升

观察角度的变化，意味着观察方法的变化。中年龄段需要鼓励、引导学生进行直观观察，例如，依据需要确定观察的内容以及观察的顺序等直接表述。到了高年龄段，要学会以观察为手段引发深层次的思考，打通"看到的"和"想到的"之间的联结，建立起外部世界和内部思维之间的联系。这样才能引导学生实现从"把事物看清楚、写清楚"逐步提升为"把观察的过程写清楚""把心情和想法表达清楚""把观察的收获表达清楚"，使学生的观察能力得到螺旋式提升。

三、观察能力提升的策略建议

统编版语文四年级上册第三单元以"处处留心皆学问"为主题，编排了《古诗三首》《爬山虎的脚》《蟋蟀的住宅》三课内容，习作落点与阅读内容紧密相连——"进行连续观察，学写观察日记"。

（一）营造有利的观察环境

《爬山虎的脚》在本单元承担了"观察"的教学任务。在课堂教学过程中，教师可以采用图像化策略，引领学生走出课堂，借助调动视觉和触觉，将抽象的文字具体化。同时依据文章内容，结合所看所触，了解爬山虎的具体模样，提升学生的观察能力。在《爬山虎的脚》一文的课后"资料袋"栏目中，编者为学生呈现出了"图文结合"和"做表格"两种记录形式，学生可以触类旁通，选择适合自己的方式记录生活中所观察到的点点滴滴，为单元习作积累丰富的素材。

（二）品味"观察"的语言格调

《爬山虎的脚》除在观察方法上给予学生启发和指导外，更借助修辞手法使学生感受到细致入微的"观察"，增添语言美。在《蟋蟀的住宅》中，也有很多处基于细致入微的观察所撷取到的丰富素材，再借助修辞手法加以描绘，令读者从语言文字中体会到蟋蟀建造住宅这一过程的美感。在进行教学时，教师可以借助"为什么能写得如此生动有趣"等问题引发学生思考，在品味语言美的同时，深刻体会"观察"的重要性。

（三）培养良好的观察习惯

观察能力的提升是一个循序渐进的过程，对于培养学生的观察能力而言，写日记是简便易行又有效果的途径。在本单元的教学中，教师可以鼓励学生站在作者的角度，将《爬山虎的脚》或《蟋蟀的住宅》改为观察日记，了解作者是如何进行观察的。

总之，观察能力的提高不仅与学生语文水平的提高有关，而且与教学安排密切相关。教师在教学中，要严格落实教材对于"观察"的教学安排，有意识、有目的、有方法地培养学生的观察能力，更好地助力学生全面发展。

本篇作者简介

宋莹，北京市朝阳区垂杨柳中心小学劲松分校语文教师，朝阳区语文学科骨干教师。

许欣，北京市朝阳区垂杨柳中心小学劲松分校语文教师，朝阳区优秀青年教师。

在深入研读文本中感悟生命的本真

笔者曾听说著名特级教师于永正老师在备课时不读到"其意皆出吾心""其言皆出吾口"是不罢休的,于是颇有感慨。在惊叹名家课堂时,我们不得不反思当下的语文课堂,有多少教师没有认真研读文本便匆匆走上讲台照本宣科;有多少教师搬着现成的教案就走上讲台侃侃而谈!听过不少语文课,笔者总感觉课堂上授课教师自己的声音少,陈述教参观点的多。当然,这样说并不是想对教参做出否定,而是觉得语文教师如果不能真正潜心研读教材文本内容,只能落得当"传声筒"的地步。其结果恐怕只会是"以其昏昏,使人昏昏"罢了。

《义务教育语文课程标准(2022年版)》在提到"阅读与鉴赏"的相关内容时指出:欣赏文学作品,有自己的情感体验,初步领会作品的内涵,从中获得对自然、社会、人生的有益启示。能对作品中感人的情景和形象说出自己的体验,品味作品中富于表现力的语言。因此,笔者认为,阅读教学可以看作是借助不同情境或任务群,引导学生与文本之间对话的过程。而这一对话的产生,首先来自教师对文本研读的深度。而教师与学生对话的资本亦来自教师对文本研读的深度。研读不仅仅是读一下课文、看一下教参那么简单,而是要对文本本身,对作者、对作品背景、对作品相关因素做多方面的搜索和研究,以求对作品有个整体的认识与把握。在此基础上,融合自己的理念、经验和见解,进行个体研究,形成教师的阅读与教学风格。研读是教学活动和任务群设计的前提,是教师对文本的解构和重构的过程。如果教师没有认真研读文本,没有自己的感受,又怎样引导学生和文本对话?蒋军晶老师说:学会解读文本,是因为学生对于文本的理解与感悟需要我们老师去响应、去对话、去引领。没有高屋建瓴,谈何指导引领?只有深入解读了文本,我们才有可能想出办法在语文教学中将知识与能力、过程与方法、情感态度与价值观三者和谐地统一起来。

笔者在对人教版语文教材六年级上册中《索溪峪的野》进行备课时,通过反复阅读感受全文初定位、前测分析了解学情再研读、细致品味涵泳文字终定调,最终完成了对课文的教学设计。在深入细致研读文本的过程中,体会了一次"以

吾口表吾心"的真切感受。

一、反复阅读感受全文初定位

对于这篇课文的阅读，其实不是在决定讲这节课时才开始的。记得刚刚拿到这篇课文时，我就把这篇课文反复读了几遍，越读越觉得文章的可爱。

《索溪峪的野》的作者曹敬庄是湖南省作家协会会员，著有散文集《寻芳恨晚》等作品。这篇课文作者着力描写了湖南省张家界的索溪峪风景区的优美迷人的景色。在游览迷人的张家界时，作者完全被感染了，被净化了，感觉此时的自己是从未有过的快慰，从未有过的清爽。文章围绕一个"野"字，开篇定调，直奔主题。行文严谨，以山、水、动物以及人的"野"来具体表现主题。清晰的脉络、紧密的衔接、自然的过渡、流畅的笔调使得文章充满艺术的美感。这篇文章按照王荣生博士对语文教材的类型定位，当属"定篇"一类。北京教育学院教授陈琳说，学生阅读行为的最高目的，是通过掌握教材的原生价值的过程，掌握教材的教学价值，即掌握如何传播信息的智慧，也就是言语智慧。对于这类文章，教师在把握的过程中，应当尊重文本原生价值进行深入研读，并在研读中不断提炼文本教学价值，最终服务于课堂，服务于学生。

首先来看本单元的教学重点：作者是怎样细心观察大自然的（文章写作顺序或结构）？有哪些独特的感受（体会思想感情）？作者是怎样展开联想和想象（表达方法）表达这些感受的？为了这一重点，本单元安排的文章皆为融情于景的散文。通过《山中访友》《山雨》《草虫的村落》三篇散文的学习，学生应当对本单元的重点基本掌握。所以，在初步的预想中，我打算就根据略读课文的课时安排，让学生梳理文章结构，感受到索溪峪的野，是表现在山、水、动物、人这四方面的，从而体会出课文先概括后具体的写作方法。对作者运用联想与想象的方法，学生易于掌握，因此，可以主要通过朗读来完成。在朗读的过程中，可以引导学生体会"野"字的含义：大自然的天然野性。

二、前测分析了解学情再研读

为了解学生的学情，便于做出准确的学情分析，我决定先来进行一次课堂前测。这样做，是基于北京教育学院朝阳分院特级教师薛晓光关于"提高小学语文教学课堂效率"的一次专题讲座。她认为，阻碍小学语文课堂效率提高的核心问题是：教师在课堂教学过程中，忽视学生在母语环境的语文习得，低估学生读懂文本的基本水准，轻视学生主体质疑问难的权利。因此，我想通过前测了解了生的具体学习需求后，再进行教学设计。

于是，我围绕学生对课文内容的理解，设计了如下题目：

1. 在这篇课文中，作者紧紧围绕一个"野"字，写出了索溪峪的（　　　）野、（　　）野、（　　　）野、（　　　）野。

2. 你怎样理解题目中的"野"字？

3. "人们，在这山水中返璞归真了。"这句话是什么意思？你怎样理解？

4. 提出你不懂的问题。

从答题的情况看，学生能够把握文章基本结构，但是从后三道题中可以看出他们对于"野"字的理解是十分不到位的。例如，学生对前测题第二题的回答情况可谓五花八门，或蜻蜓点水，或云里雾里：有的学生认为"野"的意思就是"野外"，有的学生通过查字典认为"野"就是天然而成的，还有的学生觉得"野"就是景色美……再从学生提出的不懂的问题看，基本是围绕"野"字质疑的：为什么说索溪峪野？课文为什么用《索溪峪的野》做题目？为什么就只剩下一个"野"呢？为什么课文用好多的"野"来表示，不用别的字呢？我通过统计发现，关于"野"的质疑占学生提出的问题的68%。面对这一情况，我决定推翻预想的设计思路，根据学生呈现出的问题，重新进行思路设计。打算围绕"从哪些方面可以感受到索溪峪'野'的特点"，展开学习，引领学生逐段去体会山的自然的野、水的无拘无束的野、小猴子任性的野、人们放下个人形象的动作所表现出的野。

三、细致品味涵泳文字终定调

明确了新的教学思路，我又开始一句一句地品读文章语言。"这种美是一种惊险的美：几十丈高的断壁悬崖拔地而起，半边悬空的巨石在山风中摇摇晃晃，使人望而生畏。"这句话中的"望而生畏"一词引起了我的关注：令作者感到望而生畏的是什么？是山崖？是巨石？是，又不全是。我仿佛感受到作者面对着山崖与巨石所产生的喟叹：太惊险了！大自然太了不起了。为了更准确理解作者的语言，我在网上找到了这篇课文的原文，发现和课文相比，原文在第二自然段开头多了一句话——"桂林太秀了，庐山太俊了，泰山太尊了，黄山太贵了——它们都已经'家'化了。人工的雕琢，赋予的毕竟是人工的美，这种人工的美，是不能与索溪峪的山比美的。"是呀，正是大自然这位雕刻家，在张家界，在张家界的索溪峪，用了这般鬼斧神工！这句原文也很好地让我们明了了作者对索溪峪的山野在何处所给的注脚：山美在天然，也野在天然。再往下读，我深深地沉浸

在作者通过准确、精炼的潜词用句带给我的震撼中。"不是……也不是……而是……"的句式，让我们更深刻地体会出千峰万仞绵亘蜿蜒的气势，这种磅礴，来自哪里？就来自大自然的馈赠，来自久远的无限的自然天地。特别是"随心所欲"一词的运用，何其准确！何其传神！索溪峪山的野性到这里就已经呼之欲出了。

在文章的最后一个自然段，作者重点写出了戴眼镜的姑娘、年过花甲的老人两个"点"和一队人脚踩乱石、蹚水过溪的一个场面，那些在平时看来不雅的举止，放不开去做的动作，在这样的山水之间却显得那样和谐自然，人们抛开了社会生活中的种种烦恼，缩短了人与人之间的距离，回归了自然，回归了人类的本真。与原文对照，课文删去了文尾的一句话："于是，我感到从未有过的快慰，从未有过的清爽；索溪峪的'野'，荡涤着我的胸怀！"我更欣赏改后的结尾："人们，在这山水中返璞归真了。"文章到这里结束，但却留给读者无尽的想象，仿佛让我们久久浸润在这份纯朴自然和谐的"野"的空气里，好一个戛然而止却又意味无穷的"返璞归真"啊！

在这样不断涵泳品味文字的过程中，我对"野"的理解又有了新的认识：索溪峪的野就野在它是大自然的造化，是天然而成的，是没有人工的斧凿的——此乃其一"野"：野在天然而成。

索溪峪的野就野在它是如人一般率性而为的，是随心所欲的，是没有谁能约束得了的——此乃其二"野"：野在任性而为。

索溪峪的野更重要的是对人的生命追求的体现，是脱去伪装，远离尘嚣的，是反映人类本真状态的——此乃其三"野"：野在返璞归真。

有了这样的认识，我又做了进一步的梳理：天然而成的野是最表象化的，是学生通过品词品句能够感受到的。率性而为的野是行为层面的体现，通过朗读，抓住溪水的想怎样就怎样、小猴子撒尿等句子可以略有感悟。而返璞归真的野则是通过课文最后一个自然段，再让学生感受到人们此时的行为与平日行为的对比。此时从"满山的嘻嘻哈哈，满溪的亲亲热热"，可以看出人们对这种生命状态的认同与需要。至此，这篇课文的"野"，才产生出真正的魅力——富有哲学色彩的、包含生命追求的意味。作者在索溪峪的山山水水中，找到了生命的归属——属于人类的精神的家园。

对文本的解读至此，我忽然产生一种酣畅淋漓的感觉，虽未到过，却感觉自己走进了张家界的索溪峪，虽未与作者谋面，却感觉自己曾与作者促膝而谈。这时，也才更深刻体会到蒋军晶老师的话的意味：当我们学会解读文本时，才会产生"运筹帷幄之中，决胜千里之外"的课堂调控信心；当我们学会解读文本时，才会勇于面对课堂教学智慧与激情综合生成的挑战；当我们学会解读文本，才会不负众望地成为平等者中的首席。我喜欢这种感觉，正如课文开篇："走进张家界的索溪峪，脑子里只剩下了一个字：'野'"。此时，我的脑子里也只剩下一种感觉：快乐。

备注：本篇文本解读所选课文为人教版语文六年级上册教材。

本篇作者简介

胡俊贤，北京市陈经纶中学帝景分校语文教师，高级教师，2022年3月被评为朝阳区教育系统骨干班主任，2018－2020年连续三年被评为朝阳区"阳光杯"优秀班主任，论文《三级评价促进学生习惯养成》在第五届"师成长杯"征文评选活动获一等奖。

以《曹冲称象》为例，谈高效课堂的构建

班级是学生的集体组织，一切活动都应建立在学生的主动性、积极性基础上。作为班主任，培养学生主动思考，开展生生合作，有助于形成良好的班风班貌。我既是语文教师又是班主任，所以在设计教学活动时会重点思考如何能在教学中培养学生主动探究以及团结合作的能力，既学习知识又培养能力。打造"高效课堂"，是一个值得教师去钻研的课题。

"高效课堂"的思想是"让学习发生在学生身上"，教师需要从"学生具备各种能力配合我教学"的思维转变到"我的教学要用各种方式培养学生具备多种能力"的思维。课堂教学中，教师要对学生有足够的信任，才能打破传统课堂的"我讲你听"。只有解放学生的思想，大力调动学生的学习积极性，才能让他们在师生互动、生生互动中切身感受到求知的乐趣。

要想构建高效课堂，必然要优化教学设计。那么，课前的学情前测分析必不可少，教学活动必须建立在学生的认知发展水平和已有的知识经验基础之上，正所谓"有的放矢"。

《曹冲称象》一课，对于曹冲到底是如何称象的这一段落，相对抽象。我在进行《曹冲称象》一课教学设计前，进行了学情分析，通过前测了解到学生并不知道古代的秤是什么样子的。通过反复读文，仍有多数学生弄不懂曹冲称象的过程和原理。于是，我在教学设计中加入了展示古代秤、同桌互相说一说曹冲称象的过程，并借助教具演示曹冲称象全过程的重要环节。也正是这两个环节，让学生更加理解了官员们称象方法的荒谬以及曹冲称象方法的智慧。

要想构建学生愿意主动探究的高效课堂，必然要让学生有探究的热情。那么，如何引导学生不懂就问、敢问敢想，是教师值得思考的问题。在好奇心的驱动下，学生自然会产生自主学习的意愿，并渴望及时解疑。

本课从导入开始。我提问："围绕课文，你们想提出什么问题？"学生分别提出了"曹冲是谁""为什么称象""怎么称的""成功了吗"等问题。带着满满的好奇心，师生开始学习课文。当进行到第五自然段教学时，学生们更是提出了很多有价值的问题,比如:大象上船后,船为什么下沉?大象上船后,为什么要沿着水面在船舷上画一条线?大象上岸后,往船上装石头时,为什么要装到画线的位置?整节课,学生对课文的探究兴趣越来越浓厚。

兴趣相对于注意力、想象力而言,属于非智力因素,对于调动学生学习的主动性和积极性有重大作用,学习效果自然是不言而喻的。

利用教具突破难点是本课的创新点。学生生活中见过电子秤、天平,但对古代的秤不了解,为了让学生更直观地了解古代的秤,并从中体会到官员们的办法有多荒谬,我特意借来了这种秤,让学生动手尝试这种秤的用法,分别称量粉笔盒、书、书包等。当让学生尝试称量书桌时,他们马上意识到这种秤的一个缺陷就是不能称量特别重的物品,从而为后面引出曹冲称象的方法做了铺垫,也能对比出曹冲称象的优势。

利用水的浮力,通过等量代换来称象的知识,是本课教学的难点,在教学中,教师要努力使文章中抽象的语言文字具体化,以帮助学生理解曹冲称象的具体方法和步骤。于是,我在课前制作了教具,各小组之间先用自己的话说一说曹冲称象的步骤,再合作演示曹冲称象的过程。通过操作,学生对曹冲称象的方法加深了理解。

本节课,学生的思维是活跃的,主动探究的意愿是强烈的,小组合作是有目标性、有成效的。学生通过对比,认同曹冲称象的方法相对于官员们的方法更有优势:以船代秤,以石代象,解决了没有大秤的问题,又能让大象毫发无损。同时,学生们也认为曹冲称象的这个方法不够好,太麻烦了,一块一块地往船上装石头要装很久,再搬上岸一块一块地称也很耗时,而且也会有误差。我借机因势利导:"同学们可以小组讨论,在当时还有什么好方法可以称象呢?如果是现在还可以用什么方法?"借此拓展思维,培养创新精神。

此时,学生们情绪高涨,热烈讨论了起来。有的学生说:"可以用人代替石头,人可以自己上船下船,只要把所有人的体重加在一起就好了。"有的学生说:"我在高速公路上见过一种地秤,只要货车开上去就立刻显示重量,可以把大象赶上去称。"

通过让学生在学习课文的基础上,探究更多的称象的方法,让学生局限在一点的思维得到发散,尽管有时学生的创新求异可能不成熟,但只要他们在课堂上愿意积极思考,那么他们就是真正的课堂参与者。

高效课堂对学生的培养目标可以概括为"建立自信,提升能力,成为自己学习和生活的主人"。而课堂恰恰是给学生赋能的好地方。学生在课堂上既学习了

知识，又体会到了自我探究的乐趣和成就感，那么这样的兴趣与能力也会迁移到学生生活的方方面面，只要长期这样坚持，学生的学习能力将会得到极大的提升。总之，"双减"之下，教师应以学生情况和教学实际为基础，构建"自主、合作、探究"的高效课堂，促进课堂教学"轻负担、高效益"目标的实现。

本篇作者简介

陈曦，北京市海淀区中关村一小西二旗分校语文教师，2021年、2022年被评为海淀区优秀班主任、2022年度海淀区教育系统三八红旗手。

巧用思维导图 创新语文课堂
——谈思维导图在语文教学中的应用

在小学语文课堂教学中,教师对学生学习兴趣的激发和培养缺乏科学的引导手段和组织策略。而相较于其他学科,语文知识又具有一定的抽象性。对正处在认知能力水平还很低的小学生来说,理解课文内容和文章所表达的情感都较为困难。以至于学生在语文学习中无法保证全部掌握,转化为自己的内在知识,难以保证课堂的教学质量和效果。

思维导图以简洁的表达方式以及清晰的表述思路,在教师教学活动和学生学习活动中发挥了积极的作用。在日常教学中从多维度入手,充分挖掘思维导图的优势,并将其应用于学生具体的学习以及课堂内外活动中,为学生构建积极的阅读环境,提升学生阅读能力。

一、思维导图在古诗教学中的应用

古诗是距离学生比较远的文体,在低年级的学习中颇有难度。经过讲解,让学生将其转换成喜闻乐见的思维导图的形式,加上他们喜爱的绘图,通过一个关键词或者一句诗词向外延伸,增加了学习的趣味性的同时教学过程也不显得死板枯燥,思维导图能够帮助学生更好地理解。

通过思维导图学习古诗也有很多优势,学生通过亲身实践的绘制来更好地理解记忆古诗内容,这样具备更强的思维逻辑性,经过梳理不同内容之间的内在联系,使得教学内容更加明确,逻辑性更强。

二、思维导图在阅读教学中的应用

思维导图是用于信息输出、优化、组织和存储非常重要的思维工具。思维导图能够将原本枯燥的文字转变成图画形式,不仅增添了语言表达上的逻辑性,组织性高的图画还便于学生的理解。这样就能够让学生的理解力得到不断提高,实

现对文本内容的整体脉络的梳理，使学生在兴趣的驱动下理解文章的内容。

以统编版语文四年级上册第6课《夜间飞行的秘密》为例，学生通过思维导图明晰"蝙蝠"和"雷达"之间的共性，通过自己绘制思维导图印证"飞机的夜间飞行和蝙蝠之间的关系"，以巧妙的思维导图的形式增进了学生对于文本阅读的理解，从而更好地完成单元语文要素"提问"的学习。

可以说，形象思维支配着小学生的阅读活动。思维导图是根据学生的思维活动特点设计的一种思维启发工具，其将教学中的细节整理出来，通过"图"上的思维帮助小学生掌握学习方向。

三、思维导图在单元复习中的应用

统编版教材提倡双线结构，每个单元都有相应的语文要素和人文主题，而这里面比较重要的语文要素在小学六年的学习过程中是阶梯式上升的。

但是学生在学习时往往是平铺式的，他们并不能很好地理解哪些学习过的知识可以为当前的学习提供迁移和思路。这时就可以采取思维导图结合的方式，清晰地显示已学习过的知识是如何与当前的知识进行勾连的，直观引导学生利用已有知识迁移学习新知识。

以《赵州桥》一课为例，这篇课文出现在第三单元，重在让学生理解文章是如何围绕一个意思写清楚一段话的，重点在段落上，而到了第七单元，则由段落提高到了篇章。再进行整体复习时，可以用《赵州桥》作为思维升级训练的例子，通过绘制整篇文章的思维导图，不仅可以对赵州桥美观部分进行复习，也能让学生在实践中了解文章的脉络，围绕着赵州桥都介绍了哪几部分的内容，为什么只着重介绍了这几部分的内容，学生在此基础上将所学知识进行了内化和衔接，并能够深化了解文章写作的原因。

思维导图在语文教学活动中发挥着帮助学生锻炼思维、重新梳理学习思路的重要功能。要将思维导图应用到小学语文教学活动中，教师就要在阅读、思考、积累等环节下功夫，利用思维导图拓展课堂，在帮助学生整理语文知识的同时，训练小学生的语文技能，鼓励学生掌握更多的语文学习技巧。以思维导图为载体开展互动、挖掘语文知识，将为学生创造语文学习的新机会，也将助力学生更深层次的学习。

> **本篇作者简介**
>
> 刘依依，北京市朝阳区垂杨柳中心小学劲松分校语文教师、班主任。论文《以美育人 以文化人》获北京市"美育"教育教学科研成果一等奖；《教育的"翻新复工"——浅谈后疫情时代的教学模式转变》获北京市基础教育科学研究优秀论文三等奖。
>
> 张淼，北京市朝阳区垂杨柳中心小学劲松分校语文教师，朝阳区"阳光杯"优秀班主任，第七届"未来精英"中国阅读之星优秀指导教师。论文《经典诵读校本课程设计浅谈》在2021年北京市语文现代化研究会第八届年会论文评比中获三等奖。

微视频在小学书法教学中的应用策略

微视频主要是指利用手机、相机或DV录制并播放的短视频，学生可以通过观看微视频了解并学习书写示范过程及相关知识内容。微视频的特点是教学内容精简，传播效果直观。因此，在小学书法课堂中，微视频能够有效解决教学中的一些问题。

小学书法学科教师授课年级多，同一年级内班级多，每个班级的多媒体、实投等硬件条件不一。授课时，教师如利用实投进行示范，前期需要检查实投，否则可能会导致示范效果不理想，例如，会有色差或者屏幕比例失调等问题。巧用微视频进行教学，可以确保教师演示的质量以及对时间的把控。在书法课堂上，教师将提前制作好的示范微视频在大屏幕中进行播放，配以准确的旁白解说及适当音量的背景音乐，能充分吸引学生的注意力、提高学生对新知的感知力。必要时可以进行示范环节微视频的循环播放，以达到加深学生印象和营造相关学习氛围的目的。通过观看微视频，既提高了学生的学习兴趣，同时也活跃了课堂气氛。

一、巧用微视频，提高学习兴趣

在书法课堂上，一周一节的书法课，如何能让学生迅速进入到学习书法的最佳状态中，并且每节课都能够有所收获，这是最值得书法教师思考的一件事。北京市书法学科三维目标之一——文化目标，要求教师要将汉字的古今发展变化、繁简来源等对学生做恰当的传授。生硬地讲解并不能提高他们的学习兴趣，针对小学生的心理特点，通过设计制作微视频，用动画的形式展现生动有趣的汉字源流及汉字演变过程等内容，增加孩子们学习书法的乐趣，提高继续深入学习书法的动力。

例如，在讲授欧体"家"字时，在导入环节利用PPT录屏的方式将"家"

字的字源做了生动而有趣的动画呈现。通过查证《说文解字》及《字源》等书法资料，根据"家"字作为一个象形字的特点，将"家"字中的"宀"与"豕"在微视频中都分别形象化，即房屋与小猪。使学生直观感受到"家"字最初的含义——"家"，居也。学生由知道最初的"家"为猪的住所（另一说是祭祀祖先时在屋中摆放猪作为祭品）感知并体会我们的古代先民对多子多福的期盼以及对祖先的崇敬而造此字的初心。因而更容易理解"家"字的深刻内涵。

二、善用微视频，引领技法学习

在书法课上，教师示范是必不可少且十分重要的一个环节，在单元式教学的应用中显得尤为重要。例如：在集字创作课中涉及的作品纸折格、单字或多字书写、落款及钤印等学习内容比较多，由于课时所限，教师无法在短时间内全部为学生一一示范呈现，而微视频恰好就能解决这个问题。教师将以上教学内容分别制作成简短的示范视频（剪辑时可适当提高视频播放速度），在课堂上播放并进行循环演示，使学生直观地了解一些技能技法的过程和步骤，加深学生的印象和感受，尽量为学生争取更多练习和创作的时间，进而提高学生的学习效率，提升课堂教学的实效性。

教学实践证明，信息技术与书法教育的巧妙结合，符合小学生学习的心理特征，可以营造出轻松愉快的学习氛围，实现书法学习的趣味性，给学生、教师、学校带来焕然一新的教学模式。因此，教学中要根据信息技术和书法教学的这些特点，充分发挥信息技术的优势，有效地开展书法教学工作，相信学生的汉字文化素养以及汉字书写能力一定会有明显提高。

三、收藏微视频，加强自主学习

教师在每次课堂教学中将微视频整理成集锦，并在学期末结束的时候作为奖品，奖励给表现好的学生。学生将这份礼物收藏，不仅便于自主学习，也是教师对学生的肯定与指引，更是对中华优秀传统文化的传承。

微视频对于教师来说是一个不断学习新技能的契机。如何高效录制微视频，需要教师学习相关录制软件及后期制作软件等，并且学习一些传播学的理论并进行实践，真正体现了学以致用的理念。教师在仔细钻研课程标准、教材、学生心理等要素后，将微视频融入书法课堂，通过灵活的手段为书法课堂注入新的活

力，使书法课堂充满灵活性和趣味性，让学生可以充分享受书法艺术的魅力。

> **本篇作者简介**
>
> 郭怡，北京市朝阳区垂杨柳中心小学劲松分校书法学科教师，2022年被评为朝阳区教育系统骨干教师。
>
> 赵艳芳，北京市朝阳区垂杨柳中心小学劲松分校书法教研组组长，2022年被评为朝阳区教育系统骨干教师。

篆刻中的文化熏陶

篆刻是将书法和美术相结合制作印章的艺术，是汉字特有的艺术形式，属于中国传统文化，有着悠久的历史。作为一名美术教师，我在篆刻教学中，尽量避免把篆刻当作简单的篆刻技艺训练，而是注重传授技艺与挖掘育人价值相结合。通过学习篆刻，培养学生认真细致、严谨治学的态度和锲而不舍、百折不挠的意志力，以及具有健康向上，积极进取的人生态度；让学生通过学习篆刻，感受书法篆刻的魅力，增强民族自豪感。

一、小文字，大智慧

篆刻教学中，我精心设计课程类型，拟定适宜的教学方法，对教材的基本思想、基本概念，每个字、每句话都弄清楚，了解教材的结构、重点与难点。

初次了解篆刻，多数人都以为刻个印戳就是篆刻了，学篆刻就是用刀刻字。持这种想法的人中，不仅有很多青少年，成年人也不在少数。其实大家仔细想想，篆刻如果真的这么简单易学，它会被列入"世界非物质文化遗产名录"吗？今天我们篆刻使用的文字主要是小篆，在平常的生活中已经很少见了，更何况历史更悠久、风格更古朴的金文、石鼓文、钟鼎文。设计时哪怕一个文字错误有所不察，都会贻笑大方。

汉字是世界上最美的文字，汉字的演变过程似画般美丽。篆刻教学中，我充分利用汉字的演变吸引学生，让他们对汉字有更深的理解。

刀法学习和临印中对于篆字的理解无须太深入，进入设计环节结字方式便成为了重中之重，在教学《我的名章》一课时，我首先介绍汉字的演变，激发学生的学习兴趣。比如，通过一个金文的"口"字（ㅂ），引出与"口"有关系的一系列文字：

"口"字里边加一横，表示用舌头发出声和气，就形成了"曰"。这是甲骨文的"曰"（ㅂ），表示"说"。

"口"字上边加个"十"，"十"作为虚词，表示许多辈人口口相传，才为

"古"。这是金文的"古"（古），表示时间久远。

"口"字上边加个"干"，这里的"干"古时就有两种解释，一种表示无论是声音语言还是入口之物都要经过舌头；另一种是，这里的"干"用来表示蛇的舌头。这是金文的"舌"（舌）。

"舌"字上边加一个或两个横，表示从口中通过舌头发出声。这是甲骨文的"言"（ ）的一种解释，但在甲骨文时期"言""音"是可以互用的，到金文时期加以区别使用，并且古时候的解释还不止这一种，留给学生一种自己追寻答案，相互论证发表自己看法的机会。

通过汉字演变的学习，学生们都惊讶中国文字还有这么多讲究，他们觉得趣味性更强了，对于记忆和理解篆字也更容易和更牢固，从而真正地让学生理解中国古代劳动人民是多么的聪明和睿智，为自己是一个中国人而自豪。篆刻的学习过程，对学生来说不仅是审美的教育、动手能力的教育，更是传统文化教育和爱国情怀教育。

二、小石头，大文章

在教学篆刻的过程中，我对关于印章所用的石材单独准备了一节课，让学生体验各种石材的刀感。不管是中国的"四大名石"还是各地的小众石材，让学生尽量地从直观视觉和动手实践中感知祖国各地石材的"石性"。从黑龙江到海南，从浙江、福建到青海、西藏，都有着丰富的篆刻石材，这就是我们常说的"地大物博"。通过引导学生理解不同地区的"石性"与不同地区的地理和气候之间存在联系，如南方福建气候湿润、水量充分、海拔较低，所产的"寿山石"多具有油脂光泽、蜡状光泽、柔而易攻、运刀爽脆的特性；而北方内蒙古所产"巴林石"由于地域和气候原因，润泽程度和运刀感觉相较于寿山石有着差别，爽脆略有不足；西北青海的"青海石"，蜡状光泽更弱些，而且刀感不够爽脆，质地较燥……通过这些对于石材的学习与实践操作，为学生带来了多样的感受，同时也让学生增强了对中国地理知识的了解，感受祖国版图的幅员辽阔、地大物博、气候多样等，从而渗透着点点滴滴国家民族情怀。

"久熏幽兰人自香"，学生在汉字蕴意、文化背景、章法布局的熏陶中，形成能力、养成习惯、塑造品德，逐渐形成归属感、自豪感、责任感。二十几年来，我一直坚守这份初心与热情，在教学中做一束烛光，用自己的光芒照亮传统文化传承之路，努力为学生的美好人生奠基。

本篇作者简介

秦亚春,北京市海淀区中关村一小西二旗分校教师,2022年被评为海淀区优秀"四有"教师、2021年第三届中华经典诵写讲印记中国篆刻大赛北京初赛优秀指导教师奖。

厚植家国情怀　培养文化自信
——中华优秀传统文化课程建设实践探索

中华优秀传统文化积淀着中华民族最深沉的精神追求，代表着中华民族独特的精神标识。如何让优秀传统文化贯串学校教育从而真正活起来、传下去？如何让学生在优秀传统文化浸润下完善自身人格修养，提高文化素养，增强责任意识，增加爱国情怀，促进学生德智体美劳全面发展？基于以上思考，我校进行了中华优秀传统文化课程建设的相关探索。

一、课程设计思路

中华优秀传统文化博大精深，内容丰富。学校的中华优秀传统文化课程旨在奠定基础，引领学生走进优秀传统文化殿堂，与国家课程相融合，积累文化知识；开设特色课程，指引学习方向；组织实践课程，激发学习兴趣。以点带面，让学生能够做到对优秀传统文化的认识、理解、践行，以至于形成文化自信，愿意学习更多优秀传统文化知识，主动弘扬中华优秀传统文化。

二、课程建设目标

以课堂研究为途径，整体提升我校教师传统文化素养和课堂实践能力，推动教师专业发展，打造一支具有文化素养的专业化的教师队伍。

三、课程建设内容

中华优秀传统文化课程属于学校拓展类课程，从纵横两个方向上对学生进行拓展延伸，以提高学生文化自觉和文化自信。在纵向上，此课程与学校三级课程相融合，既有与国家课程相结合的基础课程，又有项目式学习的地方课程。在横向上，开设了丰富多彩的传统文化课堂，让学生从不同角度、不同方面学习传统文化，开拓认知视野，丰富知识，提高技能。

（一）纵向内容

围绕着学校"和谐＋生态"课程的"身、心、智、趣、美"五个维度的学生成长领域，按照传统文化与学校课程一体化建设的整体思路，依托北京市中华优秀传统文化教材，充分挖掘校内外优秀传统文化教育资源，构建我校中华优秀传统文化课程框架，形成了"主题课程、文化课堂、特色课程、实践课程"四类传统文化课程群。

（二）横向内容

打造丰富多彩的文化课堂，强调思想引领，提高课堂效率，使课堂体现文化特色。我们提倡文化课堂的内容应突出鲜明情境，将学生的情感体验交织于学习和认知过程之中，以提升其关注度与兴趣。文化课堂应给予学生充分的文化养料，让学生在丰厚的优秀传统文化中涵养灵魂，提升文化底蕴。

1. 学科融合——从学科的角度讲文化

国家基础课程是学校课程的基石，也是学生积淀文化的最好落位点。我校引导教师挖掘学科知识与文化的结合点，通过课堂实践、研讨反思，总结提升，让文化自然而然地渗透在学科课堂中，形成了学科与文化的融合课堂。

以充分体现"语文＋文化"风格的《北京的春节》为例，《北京的春节》作者老舍用充满京味的朴实无华的语言，描绘了一幅老北京春节的民风民俗画卷，表现春节的隆重与热闹，展示了中国节日习俗的温馨和美好，表达了作者对传统文化的喜爱之情。教师从文学创作的角度出发，带领学生一起感受中华民族传统节日——春节的文化内涵，带领学生走进春节、了解春节，感受传统节日中蕴含的中华优秀传统文化和中华民族的精神追求。通过学生对于节日的学习，教师把握主题，带领学生制作春节的文创作品，将中国传统节日符号化，通过动手操作激发学生的创造力。

2. 专题课程——从文化的视野筑双基

依托北京市中华优秀传统文化教材，我校精心组织教研工作，深入学习本套教材中的320个主题，以教材为依托，梳理教材中相同内容课程，以家校共育形式开展文化视域下的专题课程。

例如：北京市中华优秀传统文化教材一年级下册第三单元为造纸技术、指南航海、火药威力、活字印刷，课程目标为了解古代四大发明及其应用，认识印刷反模、活字印刷术的流程。鉴于四大发明离学生生活时代较远，课堂时间有限，课程实施采取课堂与家庭共育的方式，教师在课堂中讲解四大发明的历史及制作方法，并带领学生实际操作体验；大手拉小手，家长带领学生观看视频《百心百匠》、参观中国印刷博物馆等活动。丰富多彩的课程，让学生充分感受中国传统文化的魅力，提高学生的人文底蕴。

3. 主题课程——从融合的角度体验文化

教师选择学生感兴趣的主题，借鉴中华优秀传统文化教材相关主题，开发优秀传统文化主题课程，如经典诵读课程、黏土动画课程、传统曲艺课程、京剧课程、国画课程、博物馆参观等主题特色课程。

例如：中华茶文化源远流长，它既有"阳春白雪"的高雅一面，又有"普适大众"的亲和一面。我校教师开发了《茶文化》课程。通过学习汉字"茶"和《茶经》相关内容，感受茶文化；在诗词、视频中，了解茶的意义；在具体沏茶、品茶的实践操作中，感受体验中国茶文化。

通过"传统文化融合课"的实施，各学科挖掘学科文化内涵，打通文化与学科之间的壁垒，使传统文化知识的渗透与学科教学一脉相承；"传统文化主题课"的实施，让学生对传统文化知识脉络更加清晰，理解更加深刻。

中华优秀传统文化是我们民族的魂、精神的脉，是中国特色社会主义文化的重要组成部分，是文化自信的本源。我将继续探索中华优秀传统文化教育，将文化教育与学校课程一体化建设融为一体，让文化环绕着史家实验学校的每一位师生。

本篇作者简介

高李英，北京市东城区史家实验学校副校长，东城区学科带头人，被评为 2010 年第五届东城区人民教师，2013 年北京市优秀教师，2016 年北京市东城区教育系统优秀共产党员。

推理能力命题设计的几点策略

在众多的数学思想方法中，抽象、推理、模型是最为核心的三个数学基本思想。这是因为它们是数学产生和发展所必须依赖的思想，是经历过数学学习的人所应具备的基本思维方式或具有的思维特征。这充分凸显了培养学生数学推理能力对于发展学生数学核心素养的重要意义。推理能力命题是评价学生数学推理能力素养发展状况和程度的重要手段，那么推理能力命题设计有哪些具体策略？我们结合一道具体的关于"安全距离"的命题设计来谈谈。

同学们，我们在生活中办理很多事情时都需要排队，我们在排队时也需要注意"安全距离"。

1. 如图所示（见图1），每格长度表示1米。甲和乙分别站在图中2和7所对应的位置，排队的安全距离是"1米或2米"。那么甲和乙之间最少要站几个人？可以在图中标一标、画一画，写一写你的思考过程。

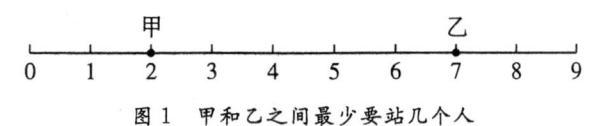

图1 甲和乙之间最少要站几个人

思考过程：（略）

2. 如图所示（见图2），每格长度表示1米。甲站在图中1所对应的位置，排队的安全距离是"不小于1米且不大于2米"。如果甲和乙之间最少要站3个人，那么乙站的位置所对应的数在什么范围内？可以在图中标一标、画一画，写一写你的思考过程。

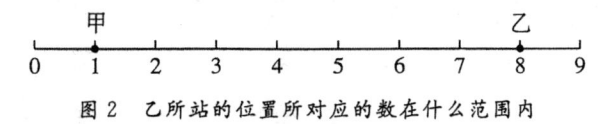

图2 乙所站的位置所对应的数在什么范围内

思考过程：（略）

一、命题的设计要保证在理解关键信息方面的思维深度

上述命题的第 1 小题中学生对信息"最少"的理解对于解决问题至关重要，因为只有正确理解了"最少"的含义，才能以最大间距"2 米"作为解决问题的切入点，这是对"间距越大所需人数越少"的逻辑关系的把握，是使得推理沿着正确的方向进行的保障，这样的思维是有深度的。只需分析极端情况，即可得到"最少要站 2 人"的结论（见图 3）。

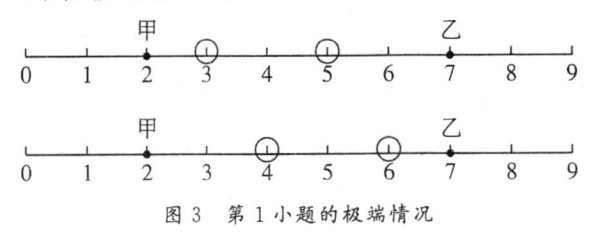

图 3 第 1 小题的极端情况

此外，诸如第 2 小题中"不小于 1 米且不大于 2 米"的信息也属于关键信息，渗透了"开区间"和"闭区间"的基本概念。虽然四年级学生受限于认识水平和理解能力，还不太能理解这样的概念。但只要以儿童数学语言的视角去设计、组织语言，完全能够保留、保证命题在理解关键信息方面的思维深度。

二、命题的设计要处理好习得与运用之间的关系

学生核心素养有所发展的佐证是能够学以致用，即运用习得解决问题。因此，规范化的、优质的考查推理能力的命题要处理好习得与运用之间的关系。以上述命题的两个小题为例。第 1 小题整体上偏重客观习得，即明确"确定最少要考虑最大间距"的一般性结论。而第 2 小题关键信息仍然是"最少"，但更偏重主观运用。这使得两个小题分别以习得和运用的角色高度关联，发展核心素养的用意十分凸显。当学生通过迁移解决第 1 小题的经验，直接考虑极端情况，有意识地假设中间的三个人分别站在 3、5、7 所对应的位置后，只需根据"安全距离"推理出乙与站在 7 所对应位置的人的最大和最小距离即可得到"不小于 8 且不大于 9"的结果（见图 4）。

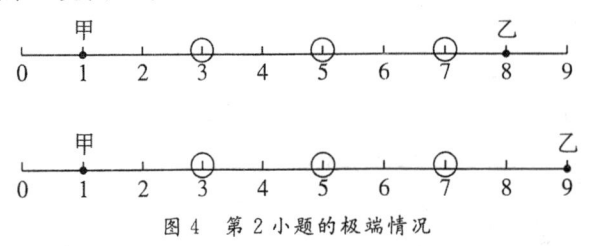

图 4 第 2 小题的极端情况

三、命题设计要促进学生以几何直观的方式分析理解问题能力的发展

在小学数学中,以几何直观的方式分析理解问题的例子大量存在。例如:借助长方形面积模型理解乘法分配律,运用线段图分析分数乘、除法实际问题中的数量关系等。实际上,以几何直观的方式分析理解问题就是在推理,而三、四年级是学生从实物直观向几何直观跨越的黄金期,所以这一阶段推理能力命题的设计就要有意识地让学生更多地接触几何直观的方式方法。因此我们注意到,上述命题中没有出现具体的人物图片,而是将人抽象成点,以数轴的形式呈现问题情境,这就是在促进学生以几何直观的方式分析理解问题能力的发展。虽然这里的资源和材料还是客观给定的,但相信有朝一日学生在面对例如动点问题时,能够自主意识到需要借助数轴来进行分析推理,将数和形紧密结合,变得更加"智能"。

本篇作者简介

张勋,北京市朝阳区垂杨柳中心小学劲松分校教师。2019年和2022年被评为朝阳区教育系统骨干教师。

王峥,北京市朝阳区垂杨柳中心小学劲松分校教师。

激发数学学习兴趣 提高数学学习能力

数学具有较强的抽象性和逻辑性，程式化和符号化的知识比较多，对于小学生来讲，数学知识较为枯燥和难懂。如果教师能做到让学生感兴趣，有热情地学数学，那么数学课堂就会充满乐趣，学生就会爱上数学，从而能在学习数学中感受到快乐。

根据小学生的年龄特点，小学生注意力集中时间不长且容易分散，有研究表明，5、6岁儿童注意力集中时间约为10～15分钟，7～10岁儿童的注意力集中时间约为15～20分钟，10～12岁少儿的注意力集中时间约为25～30分钟。并且大多数低龄儿童只有对感兴趣的东西才能集中注意力。因此教师在数学课堂教学中要不断创新，采取多种教学方法来激活课堂，使数学学习过程中更具生动性和活泼性。

笔者结合自己的教学实践，略谈几点培养学生学习兴趣的方法。

一、创设问题情境，激发学生探究兴趣

根据小学生好奇的天性和所掌握的知识和能力，挖掘数学教材中可激发学习兴趣的因素，还可以根据学生的年龄特点和所处的地区环境特点等，创设出真实的问题情境，激发学生学习兴趣。例如：在教学长方形和正方形面积的计算时，设计以求足球场的面积的情境引入，首先它是学生熟悉的运动场地，同时足球场面积比较大，学生如果采用之前所学过的计算面积的方法去测量的话，存在着很大的困难。所以需要先研究面积小一点的长方形，从中找到规律，推导出长方形的面积公式，再去解决足球场的面积问题。创设这样一个真实情境，让学生先产生学习长方形和正方形知识的需求，再引导学生推导出相关的面积公式。这时，学生强烈的求知欲望已经成为一种求知的自我需要，为学习新知识创造了良好的开端，从而对数学课堂产生浓厚的兴趣，激发其对数学探索的欲望。

二、开展竞赛，激发学生的学习兴趣

数学学习往往需要通过一定的练习来进行巩固。学生很容易对枯燥乏味的练习感到厌倦。为此，教师可设计一些竞赛形式的练习和数学游戏来激发学生的学

习兴趣，竞赛形式可以是小组计算接力赛、赛龙舟等。

小组计算接力赛，即每组一份题，每人做一道题后往下传，每组最后一人做完后交上来，最终做得又快正确率又高的一组获胜。

赛龙舟，就是在黑板上画一条河，有四条河道和龙舟，每条河道上有4道算式题。学生每组三人，分四组赛龙舟，最先完成且全对的一组获胜。

在竞赛的过程中，好胜心能激发学生积极动脑动手，从而达到训练的目的。

三、动手操作，培养学生的学习兴趣

小学生的特点是活泼好动，他们的思维发展处于从形象思维到抽象思维的过渡阶段。因此教师在教学或辅导时，必须创造条件，让学生动手操作，以学生的直观感知和操作为基础，帮助学生获取知识，解决问题。

例如：在学习长方形和正方形面积的计算时，先提前给学生准备一些面积为1平方厘米的小正方形学具，让学生自己动手摆一摆，测量出三个不同的长方形的面积。再引导学生发现两个关系："每行摆几个"×"摆了几行"=面积单位总个数。每行摆几个小正方形，长方形的长就是几；摆几行，宽就是几；有多少个面积单位，长方形的面积就是几。从而推导出长方形的面积公式，突破学生理解面积公式推导过程这一难点。后续再进行知识的迁移运用，让学生自己总结出正方形的面积公式。这种以动手操作到语言叙述，从语言叙述到导出面积公式的过程，就是由直观到抽象，由具体到概括的过程，学生可以手脑并用，发现和解决数学问题，尝到探求知识的乐趣。

总而言之，在数学教学中，教师要根据学生的年龄特点，注重学生学习兴趣的培养，结合教学实际和学生实际，坚持自主性、开放性、全面性等原则，激发学生对数学的兴趣，从而主动进行学习，有效提高小学数学教学质量和效果，确保小学生数学核心素养的提升。

本篇作者简介

徐萌，北京市朝阳区垂杨柳中心小学劲松分校数学教师。论文《新旧人教版教材中"小数乘法"和"小数除法"部分的比较研究》荣获第十九届优秀论文评比一等奖。

尹胜南，北京市朝阳区垂杨柳中心小学劲松分校数学教师、班主任。论文《长方形和正方形面积的计算》在2021第三届学科课堂教学研究课征集和评选活动获得二等奖。

巧用绘本阅读资源　提高课堂教学实效

阅读，是学生获取信息、认识世界、发展思维、获得审美体验的重要途径。英语绘本具有制作精美、经典完整、语境真实、复现强调、思维发散等特点。每一个绘本故事都有深远的主旨，学生在阅读的时候，不仅受到了语言的熏陶，也加深了他们对周围世界的了解和认识。

下面谈一谈笔者是如何在课堂中有效开展绘本教学的。

一、关注"教材为本"，收集素材

尽可能使用和教材有关的素材，比如相同的人物图片、主要单词的图片等。这样既让学生容易接受，又可以和教材有很好的契合度，让学生感到既熟悉又有趣。因此，当我了解北京版英语四年级上册有一单元是以乐于助人为主题的时候，《丽声妙想英文绘本》中一个名为 *Mr Fox's Socks*（《狐狸先生的袜子》）的故事映入了我的眼帘。

故事描述了奶奶给狐狸先生做了一双黑色的袜子，可是三只小老鼠在袜子上咬了一个洞，把袜子当成了自己的家，狐狸先生生气地把他们赶走，倒在了雪地里。晚上，狐狸先生做了一个梦，梦到三只小老鼠非常寒冷，没有地方睡觉，非常可怜。狐狸先生想到自己的脚上已经有一双天生的黑"袜子"，于是他把奶奶做的袜子送给了三只小老鼠，让他们当窝。故事表达了狐狸先生善良的心灵以及乐于助人、为他人着想的态度，学生阅读之后会受到狐狸先生助人为乐高尚道德的影响。这样就契合了教材的内容编排和教育主题，也不会让学生觉得难以理解。

二、注重学生实际获得，开展有效课堂教学

注重封面解读，坚持读前预测。

阅读前的几分钟非常关键，它起到激活学生已有的生活经验、激发学生阅读

兴趣等作用。读前教学中,我抓住标题中的"socks"这个关键词作为导入与学生交流,激活他们已有的生活经历,Teacher:Today we will read a story about socks.But the story is about these socks.Teacher:(老师出示黑色袜子)Look at these socks.Big or small? What color are they? And there is a hole.(教师将手伸进袜子里)Teacher:Whose socks are they? 对比今天要讲的 socks 和平时司空见惯的 socks,激发学生的学习兴趣。接着引导学生观察封面图片,对故事进行预测,同时大胆地提出自己的疑问。

关注故事内容和情感,引导学生多层次内化。

故事有冲突才会扣人心弦。而 *Mr Fox's Socks* 故事中的冲突,就发生在狐狸先生和小老鼠之间。于是我把整个故事以狐狸先生的情感变化为主线分为了三个部分来呈现,第一部分:狐狸先生收到袜子感到高兴即故事的开端;第二部分:袜子出现破洞,狐狸与小老鼠发生矛盾即故事的高潮;第三部分:狐狸先生做梦后把袜子送给小老鼠即故事的结尾。

针对每一部分出现的人物和发生的对话,我在教学中设置了不同层次的问题,帮助学生理解。最后,狐狸先生还是借助梦境给自己的善良找到了一个出口,冲突逐渐弱化。狐狸先生的情感再次发生了变化,我在这部分则加强了对人物品格的分析指导。

三、关注迁移运用,培养学生的综合语言运用能力

阅读后环节设计得当,可以升华整个阅读过程。在本节课中我设计的第一个任务就是对故事中人物的评价,如:In this story,what's your favorite character? Why do you like him/her? 学生选择自己喜欢的人物进行评价,对其特点与品质也是又一次深入的体会与感悟。

另一任务是进行角色扮演和创编故事,也是对综合表达更高层次的输出。学生在表演和创编故事的过程中既要运用到本课特定的语言结构,又要运用一些策略和技能,如小组合作、想象力、创造力等,使学生从表演中感受到乐趣,获得成就感。

无论是教师对常规教材的解读,还是将多媒体与绘本相结合的尝试,都不是简单的叠加。其中既涉及对学生英语能力水平的评估和分析,还涉及对绘本难度和内在含义的思考与取舍。只有在实践中反复尝试,开拓进取,勇于创新,才能将绘本教学的效果发挥到最大化,让学生真正学有所获。从而提升学生的思维品

质，落实学生的核心素养，最终实现英语教育立德树人的价值。

本篇作者简介

孙熙，北京市大兴区庞各庄镇第一中心小学英语教师，大兴区英语学科带头人，第十届全国小学英语课堂教学优秀可展评荣获二等奖，论文《在语境中让学生的思维活跃起来》在第十一届全国小学英语教师基本功大赛教学观摩研讨会荣获二等奖。

新课标下，英语教学的"善教"与"乐学"

《义务教育英语课程标准（2022年版）》指出，英语课程实施中要通过多感官参与的语言实践活动不断引导学生乐学善学，使学生发展语言能力、培养文化意识、提升思维品质、提高学习能力，并最终实现课程的育人作用。用善教带动乐学，促进学生的发展。下面，笔者就新课标下的英语教学谈谈自己的做法。

一、"精研"是"善教与乐学"的前提与基础

（一）聚焦多模态资源，构建语篇意义

按照新课标要求，教师在开展有效教学设计时，应以语篇研读为逻辑起点。教材包含了文字、图片、音频与视频等多模态资源，相得益彰。在教学实践中应多思考，多角度发现资源间是如何构建语篇的意义。例如：北京版英语一年级下册第21课是关于表达迟到的歉意。在研究语篇时，通过事实性问题研究语言点，基于学生视角根据图片中场景转换、主人公表情和动作，展开猜测与推断：主人公为什么会产生这一系列的心态与动作。结合视频旨在引导学生掌握语音表达。让学生在特定的情境下，通过设置的分层问题，从主人公表达歉意这一话题联系自己的经历，进行知识迁移并展开独立的思考表达。

（二）建立学情档案，促进有效教学

学生是语言学习活动的主体，服务于发展学生核心素养目标的学情分析，是有效教学的核心和关键。学情分析既要体现学生整体特点，更要分析个体差异。这些差异不应局限在外显表现上，如成绩、课堂参与度等，更应着眼于分析认知规律、学习兴趣与需求，以更好地激发与促进学生的内在学习动机。在实践中，根据教学需要建立以班级为单位的学情档案，对于全面了解学生，针对班级学生的特点、需求与兴趣点等方面为课前调整教学内容、方法与教学起点指明方向，为课中适时改进与不断评价学生的学习进程提供了依据，为课后及时进行教学反思，不断进行学情档案的更新提供了模板。

二、"激趣"是"善教与乐学"的有效手段

（一）玩转课本剧，提高教学效果

新课标指出：活动是英语学习的基本形式，也是发展学生核心素养的主要途径。英文课本剧是艺术与学科教育的融合，更是学习活动的呈现形式。例如：北京版英语四年级下册第6单元是以点餐结账等贴近学生生活的内容为主题。在单元学习中，教师根据学生特点进行分组，小组内学生各司其职，发挥特长，以教材的文本对话为依托，有的利用现有材料制作食物等道具，有的对教材稍加改编，使之更适合学生的特点。在排练中互相纠正语音语调、语气情感、表情动作，不仅全面提升学生的语言能力，还增强了成员间的沟通与协作。学生对表演热情高涨，在小组展演环节，每个人都呈现了最棒的一面。一些英语能力较弱的学生也从不敢开口变为敢于、乐于开口，在活动中不仅巩固了基础知识，还树立了学好英语的信心。课本剧表演使学生通过角色扮演的方式，在不知不觉中将书中的故事融入生活，激发了学生学习语言的兴趣，培养了学生的思维品质，并提升了学生的核心素养。

（二）巧用多样作业，拓展英语思维

多样化的作业设计能使学生感受到英语就在身边，激发学生学习英语的热情，逐步培养学生自主学习意识。

低年级学生喜欢动手实践类作业。例如：用身边的物品绘制字母画或者制作星期转盘等，不仅能复习基础知识，更能锻炼学生的观察力与专注力，激发学生的兴趣。

中高年级学生探索与求知欲高，更应注意作业整合与分层，依托文本，利用思维导图、采访调查单等类型的拓展作业满足不同学生的需求。例如，北京版英语四年级上册第6单元，学生借助思维导图这一形式可总结与巩固本单元所涉及的居住地及人们在该地能从事的活动，也可放眼课外，立足生活，积累知识，进行迁移。

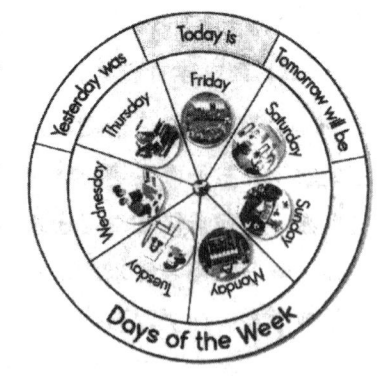

总之，新课标下，实施快乐教学，促进学生的全面发展，教师的"善教"和学生的"乐学"缺一不可。教师精研教材，灵活运用教学方式，激发学生主动探究新知识的兴趣。二者相互支撑，更好地提高教

育教学效果。

本篇作者简介

于嫒秋,北京市朝阳区垂杨柳中心小学劲松分校三年级英语教研组组长,2022年被评为"朝阳区教育系统优秀青年教师"。

蒲晶鑫,北京市朝阳区垂杨柳中心小学劲松分校英语教研组教师。

基于提高地理核心素养的常态课教学探究
——以《工业区位因素及其变化》为例

当前，新高考命题理念已由"能力立意"转变为"能力立意与核心素养立意并行"。地理核心素养是地理学科育人价值的集中体现，然而常态课中经常会出现高速而压缩化的课堂教学模式，与学生缓慢而复杂的学习历程不匹配，地理核心素养的培养陷入一种浅表的境况。为改变这一境况，广大地理教师积极探索，更新教育理念，改变教学方式，不断提高学生的地理实践能力。

本文以《工业区位因素及其变化》为例，阐述常态课的设计如何从浅表学习走向深度学习，从地理过程探索地理成因的高阶思维活动中，真正落实并提高学生的地理核心素养。

一、关注核心素养，忠于课标和教材

地理核心素养是新课标中最重要的内容之一，《普通高中地理课程标准》对《工业区位因素及其变化》一课的要求是结合实例，说明工业的区位因素。一是要求联系本地实际，结合具体的工业企业，学会分析某一工业企业的区位因素以及优势的区位条件；二是能够运用发展的观点看待区位因素的变化，分析其变化对具体工业企业布局的影响。本节课以首钢为案例，基于课标和教材设计一个大任务，从时空变化的角度认识工业区位因素、分析优势的区位因素、体会区位因素的变化对区位选择的影响，从区域认知、综合思维、地理实践的角度，深入理解人地协调发展，并以此为标准给学生制订学习目标。

二、嵌入生活，创设情境

创设情境一般会通过热点问题或是学生特别感兴趣的关注点入手，目标明确地将书本上的地理知识点变得更加形象、更加直观，提升学生的学习兴趣，保持课堂的活跃性。在《工业区位因素及其变化》这节课的导入中，利用视频《冬奥会奥组委入住首钢工业园区》创设情境。冬奥会家喻户晓，首钢对于北京高中生来说也不陌生，奥组委为什么可以入驻首钢？情境资料带领学生体验地理现象的

过程，因为本课的设计是围绕首钢的搬迁和首钢旧址的转型这样一个大任务来完成教学活动的，所以创设的情境是大任务中的一个组成环节，学生带着自己的认知、思维、情感和价值观全面参与学习活动，实现地理核心素养的培养。

三、问题驱动，助力地理核心素养提升

问题驱动教学是以"问题发现"和"问题解决"为要旨，在情境中提出问题，在解决问题的教学过程中，引导学生运用地理的思维方式，建立与"问题"相关的知识结构，并能够由表及里、层次清晰地分析问题，合理表达自己的观点。在学习《工业区位因素及其变化》这课中，通过情境创设了问题链：

第一，首钢早期选址石景山区的区位优势是什么？

第二，首钢为什么选择了搬迁？

第三，曹妃甸发展钢铁工业有哪些区位优势？

教师把全班学生分为三个组，每组完成一个问题的学习。每一个问题给予学生背景资料，并设置两个任务。

第一个问题的资料：①首钢建厂前地理环境、资源状况、交通、需求及政府政策等相关资料；②首钢早期分布图。

学生需要完成的具体任务：①写出影响工业的区位因素，并在资料中找出能反映区位因素的信息；②讨论首钢早期选址石景山的区位优势。

第二个问题的资料：首钢钢铁年产量的变化、钢铁生产产生的污染物的数量、北京城市化进程图、北京地理环境变化的信息、世界钢铁工业的现状。

学生需要完成的具体任务：①写出影响工业的区位因素，并在资料二中找出能反映区位因素的信息；②讨论首钢搬迁的主要原因。

第三个问题的资料：曹妃甸地理环境资料和曹妃甸地理位置图。

学生需要完成的具体任务：①写出影响工业的区位因素，并在资料三中找出能反映区位因素的信息；②讨论曹妃甸发展钢铁工业的区位优势。

在任务的驱动下，学生完成组内的学习探究，在完成已有任务的同时会生成新的问题：比如，首钢从选址石景山到搬离石景山，哪些区位因素发生了变化？对比石景山和曹妃甸的区位优势发现，哪些区位因素的变化影响了钢铁工业的区位选择？

本课教学通过"给同伴讲""在小组内交流""以小组为单位在全班展示"的同伴对话方式，让每个学生都获得平等对话的机会，让每个学生都进入表达中，这个探究过程就是提升地理核心素养的过程。

四、强化体验，促进深度学习

在学习《工业区位因素及其变化》这课中，关于探讨首钢旧址的发展的问题是上述问题驱动的一个延续，也是一个开放性的问题。受客观条件的限制，师生不能去实地考察，但可以在课堂上创设情境。通过奥组委入住首钢旧址以及展示教师去首钢实地考察时拍的一些照片，引导学生思考首钢搬迁后、转型后的可持续发展。教师可以采用体验式教学，让学生扮演不同产业的角色，模拟设计首钢旧址发展的蓝图。在这个过程中，知识不是单个存在的点，而是知识线、知识链，知识与生活的关联得到了凸显。学生在这种体验中发展高阶思维，实践深度学习的过程就是提升地理核心素养。

常态课是落实核心素养培养的主战场，是教师的"家常菜"，是学生的"营养餐"，本文的案例把常态课的教案设计为"助学案"，设计出与知识相关的一个大任务，从首钢早期选址的区位基础知识任务，到区位因素发生变化导致首钢搬迁这个进阶性的任务，再到设计首钢旧址转型蓝图的冲刺性任务，实现从初级认知再到高级认知的一个攀升过程。分组学习和角色扮演的方式，使得学生的学法也从"我问你答"转变为"互学群学"。这样实现了常态课上引导学生建立完整的知识体系、进行高阶的思维训练，学生在深度学习中有效地提高地理核心素养，形成乡土情怀和正确的人地协调观。

本篇作者简介

王和意，中国人民大学附属中学第二分校地理教师，地理教研组长。2021年海淀区中小学优秀"主题班会"评选活动荣获一等奖，2018年海淀区第二届"风采杯"中学教师教学成果展示活动中荣获一等奖。

案例教学法在小学道德与法治课中的运用

案例教学法，即教育者使用案例对受教育者进行教学的方法。《义务教育道德与法治课程标准（2022年版）》指出："注重案例教学，选择、设计和运用个人和社会生活中的典型实例，鼓励学生探究、讨论，提高学生的价值辨析能力。"由此可见，案例教学法是引导学生深度学习，促进学生高阶思维形成是道德与法治学科提倡的学习方式之一。

通过认真学习新课标，我们发现在第四部分"课程内容"中，对教学中可以运用案例教学法的内容给出了提示，它可以用于生命安全与健康教育、法治教育、道德教育、国情教育这些主题。

一、基于教材实际选择案例教学法

《正确认识广告》是统编版道德与法治四年级上册第三单元《信息万花筒》的第三个课题，"广告都可信吗？"是本课的栏题2。在案例讨论和辨别中，形成对虚假广告的认识。这个栏题的教学目标为以案例为支撑，通过课前调查、小组学习、集体交流的方式引导学生知道广告不一定都可信，了解虚假广告，增强辨别能力和判断力，初步树立法治意识。

教师基于学情开展调研，通过询问和问卷调研发现：学生能发现生活中广告无处不在，了解广告的类别和功能，但是对广告传播类型、内容类型不是很关注。学生对于广告是否可信，理解不深，各抒己见，对虚假广告的界定不清，绝大部分学生缺乏识别广告的方法。

课上教师通过开展"广告内容分一分""广告制作费用数据说发现""这些广告可信吗"等活动，让学生在活动中通过对资料、数据等信息分析、交流，从而形成自己的观点和解决问题的策略。

举例："广告制作费用数据说发现"活动教学设计。

（一）数据分析

这是 CCTV1《朝闻天下》2019 年广告招商价格一览表，请观察数据，说说你的发现。

2019 年 CCTV1《朝闻天下》广告价格 5 秒 32000 元/天

2019 年 CCTV1《朝闻天下》广告价格 10 秒 45000 元/天

2019 年 CCTV1《朝闻天下》广告价格 15 秒 56000 元/天

学生预设：广告制作需要费用，制作费用价格高。

（二）教师小结

通过数据分析，我们发现广告的制作和宣传是需要费用的。就拿电视广告来说，播出的广告价格从几万元到几十万元，有的广告客户甚至用高达数亿元的费用做广告。

二、基于学生实际选择案例教学法

《好习惯　早养成》是基于统编版道德与法治一年级下册第一单元《我的好习惯》的单元梳理课第 6 课时。本课教师教学的亮点是运用多元评价的策略，通过家校协同育人的方式有意识地关注学生习得过程，以评价促进学生好习惯养成。教师在评价时关注抓典型案例来引导学生进行总结提升。

教师评价时会肯定和表扬学生在养成过程时所付出的努力和取得的成绩，让学生感受坚持下来很不容易。提醒学生，养成好习惯需要意志品质坚定。对于在养成过程中家长写的感受和评语，教师在评价时要肯定家长对学生的督促和鼓励，并从爱的角度出发引导学生主动接受有利于自己成长的家长的鼓励和提示。

整节课贯串着学生自评和生生互评。有单元学习结果自评，学生结合自己的成长树诊断单元学习的情况。有完成养成活动自评，对能按要求完成"好习惯早养成"活动的，可以在好习惯成长树上贴上小花，强化习惯养成的过程很重要。有本课学习后的自评，学生在参与学习后，拿着好习惯成长树说这节课的收获和感受。在小组合作生生互评中，教师引导学生按顺序说问题，从发现问题、制定目标、养成有方三方面引导学生开展有效互评。

三、社会实践中，促进知行合一

根据教学内容和教学对象，案例教学的课堂教学可以有多种形式，无论用什么样的方式开展案例学习，教师都要关注鼓励学生走向社会，在社会实践中扩展自己的视野，提升自己的能力，学以致用，促进知行合一。在开展活动时，要重视利用线上资源和线下资源，丰富教学活动，为促进学生学习方式的转变提供课程资源支持。比如：在学习统编版道德与法治六年级上册《国家机构有哪些》一课时，围绕"办理身份证需要申报的国家机构有哪些"这个问题，教师可以通过引导学生线上寻找国家机构相关网站或列举亲身参与办理身份证等案例，探寻国家机构的概念和我们生活离不开国家机构的保障，在学习统编版道德与法治六年级上册《法律保护我们健康成长》单元时，可以设计走进当地法院线下实地参观的社会实践学习。既丰富了学习的材料，又拓宽了学习的时间和空间。

本篇作者简介

杨阳，北京市朝阳区垂杨柳中心小学劲松分校道德与法治学科教师，朝阳区道德与法治骨干教师。论文《"双减"背景下道德与法治学科课后服务课程开发初探》获北京市教育学会一等奖。

赵芮嘉伊，北京市朝阳区垂杨柳中心小学劲松分校，道德与法治学科教师。

新课标视域下小学音乐课程培养学生创意实践素养的方法探究

2022年秋季学期伊始，由教育部制定的新版《义务教育艺术课程标准》正式实施。新的课程标准以落实核心素养为主线，聚焦审美感知、艺术表现、创意实践、文化理解等核心素养，围绕欣赏、表现、创造和联系四类艺术实践活动，以任务驱动的方式遴选和组织课程内容。

本文将围绕核心素养中的创意实践展开论述，创意实践是综合运用多学科知识，紧密联系现实生活，进行艺术创新和实际应用的能力。通过列举课堂教学中的实例，尝试分类归纳课堂教学中培养学生创意实践能力的几种方式方法。

一、声音与音乐探索

发现身边的音乐旨在引导学生从关注身边的声音和音乐开始，萌生探究愿望，逐步发现、关注更多的音乐和相关现象，展示交流自己的发现，体会音乐与社会生活的关系，主动参与身边的音乐活动。探索自然界和生活中声音的高低、强弱、长短和音色特点，探究音乐与语言的关系，以及音乐与日常生活、自然现象等的联系。

可以举例说明生活和自然界中声音的特点，运用人声、乐器、动作或其他合适的方式进行模仿、表现和创造。

人音版音乐五年级上册《雷鸣电闪波尔卡》B乐段旋律进行中，不时地加进了定音鼓滚奏代表的雷鸣，吊镲代表的电闪，交替出现在旋律的长音处，感受人们在雷雨交加的场景下依然翩翩起舞的画面，并将这种氛围用身边的事物表现出来，通过拍击小方凳、摩擦报纸等方式创造出属于自己的雷电声，配合着舞会舒展的音乐，营造出乐曲所表达的雷雨交加、雷鸣电闪的音效，沉浸在舞会欢快愉悦的情境之中。在本课中，学生能够结合乐器的音色特点，感受乐曲中的音乐形象，自主探索声音与音乐间的联系，并展开想象将乐曲的氛围表现出来，增强对音乐的兴趣。

二、即兴表演

情景表演是指根据一定的情景和主题，综合运用多种手段进行角色扮演、形象塑造、生活场景再现等。学生可以根据音乐特点进行即兴表演，与同伴一起体验表现造型、扮演角色的乐趣，表达自己的情绪和情感。

人音版音乐五年级下册第6课《静夜思》，体现了古诗与音乐的融合之美，表达了游子月夜思乡之情。结合新课标与本校五年级学生学情，学生对音乐能在探究、即兴表演和创编等艺术创造活动中展现个性和创意。因此，在学唱歌曲后的小组讨论环节，学生结合古诗意境、音乐旋律特点等方面，自主思考运用怎样的形式能更加表现音乐形象、抒发歌曲思乡情感，学生通过朗诵、独唱齐唱等多种演唱形式，加入符合歌曲的简单律动等多种形式和角度展示歌曲，很好地刻画出了这首唐诗的意韵和意境，将古诗与音乐完美结合，做到了多学科的综合运用。

三、音乐编创

编创是发挥想象力、释放艺术潜能的实践活动，是培养音乐思维，发掘、提升学生音乐创造能力的重要途经，对培养创新人才具有重要意义。编创与展示包括即兴表演活动和简单音乐的编创、表演。

可以为音乐编创相应的声势、律动或舞蹈动作；可以编创有重复和变化的节奏或旋律；可以编创短小的音乐剧等。对于自己编创的作品，要能够做出说明，并能够按照编创的要求进行表演，作为成果展示出来。

人音版音乐四年级下册单元设计感受和谐之声，体会三度音程中，学生依据《小小少年》《真善美的小世界》聆听、演唱识读乐谱、柯尔文手势与老师进行合作等方式充分感知合唱的三度规律，从找、用、创三个梯度深入地了解体会三度的关系，感受和谐声音的美感，最后为歌曲《小纸船的梦》的低声部创编三度音程关系的旋律。学生在了解三度音程基础上为歌曲低声部进行创编，发挥自主探究小组合作能力，是创意实践的体现。

通过"创造"，学生对音乐及其他各种声音进行探索，综合运用所学知识、技能和创造性思维，开展即兴表演和音乐编创活动，表达个人想法和创意，提升创意实践素养。创意实践的培养，有助于学生形成创新意识，提高艺术实践能力

和创造能力，增强团队精神。

本篇作者简介

闫岩，北京市朝阳区垂杨柳中心小学劲松分校音乐教师、金帆管乐团教师，朝阳区音乐学科骨干教师。2021年被评为北京市第二十四届学生艺术节金奖指导教师。2021年北京市第十四届"美育"教育教学科研成果荣获一等奖。

梁晓涵，北京市朝阳区垂杨柳中心小学劲松分校音乐教师、金帆管乐团教师。荣获北京市教师"基本功与专业能力"教育教学研究成果二等奖，荣获全国中小学生艺术展演二等奖指导教师奖。

汇热爱于教育 集关爱于学生
——谈如何做好班级管理和教学工作

作为一名班主任兼语文教师，怎样做到班级管理和教学工作"两手都要抓，两手都要硬"？我的做法是秉承"融入"和"权威"相结合的理念，在树立教师权威的基础上，以班主任作为"孩子头"的角色，积极融入学生的学习和生活。在与学生的交流中获得信任，在与学生的相处中学会包容，成为学生"学"的引领者、"爱"的撒播者、"美"的耕耘者。让学生在自信中绽放异彩，学会自主、自立、自理、自省。

一、尊重差异，让学生在自信中绽放异彩

由于学生的成长环境、性格、经验、学习方式等方面的不同，或多或少会存在一定的个体差异。作为教师，要允许并尊重这种差异的存在。因材施教、个性化学习是教育所追求的最高目标，只有尊重差异，方能使用好这把唯一的"尺子"，才能够更好地进行针对性教育，即循序渐进地因材施教。

需要注意的是，教师要允许在同一个学习活动中，有不同水平的学生存在，本次学习评价仅为本次学习活动服务。"尊重差异"不仅仅是"承认差异"，在承认的基础上，教师要发现并尊重学生与众不同的差异——闪光点。

再平凡的学生，教师也要发现他四射的魅力。有的学生不善书写，但他善于表达；有的学生不是数学天才，但他绘画了得；有的学生沉默寡言，但他想法新奇……作为教师，一定要善于发现并挖掘学生身上的闪光点，让这个闪光点成为学生自信的底气，自信方能绽放异彩。有了自信，学生便会有源源不断的学习动力，这个时候，教师难道还怕自己的学生有个体差异吗？

二、鼓励先行，让学生在积极的氛围中不断向上

良好的班级氛围，于学生个体以及班集体的成长都有积极的促进作用。因此，营造具有凝聚力、积极向上的班级尤为重要。

无论是日常生活，还是课堂教学，教师都需发挥良好的向导作用，引导学生

积极表达自己的观点,以"不怕说错、就怕不说,发言即表扬"的原则,激发学生的表达欲。如果看到平时在课堂上很少发言的学生举手,教师一定要抓住这个契机,进行鼓励式针对性评价,让学生感觉到"我有被老师关注""原来我说的也对"。这将对性格比较内向、不善于表达的学生起到激励作用。

以"小组说、举手说"等多种方式调动学生的参与积极性,也是一种比较好的方法。"小组说"即是生生互动的过程,"举手说"则为师生互动的过程。这样,不仅做到了尊重学生的主体地位,也能让学生有参与感,同时潜移默化地提高了学生的语言组织和表达能力。逐渐地,对于某一问题的讨论,学生们几乎是全员参与,争先恐后地举手发言,没有被点到发言的学生甚至还会有失落感。我认为,学生在这种积极向上的班级氛围里,很难做到不参与,而参与就是学生学习的过程。

三、敢于"放手",让学生在自主中不断成长

升入四年级,我组织学生根据公平、公正、公开的原则,选出自己心中的"小干部"。选出小队长、中队长后,我注重小干部威信的树立,按照"能者居之"的准则,组建好"小干部班子"。小干部班子团结一心,秉承责任与义务相统一的原则,为班级服务。在日常班级管理工作中,班内大小事宜皆与中队长商议,再由中队长具体分配,激发小干部的管理意识与服务意识。具体任务再由各队的小队长分配给具体的学生,责任到人。这样,不仅可以锻炼班委的领导能力和协调能力,也自然而然形成了一条有秩序、有规则的管理流程。

四年级的学生正是由被动学习向主动学习转变的过渡期,也是关键期。作为教师,要牢牢把握住这一关键期,敢于"放手",培养学生的自主意识,做到自立、自理、自省。

学生在生活、学习上的小事,由学生自己全权负责,即为自立;学生自己遇到的问题,与同学间发生的矛盾,等等,由班委发动全班学生共同解决,即为自理;在每月一次的班会上,小干部带领学生以小队为单位进行反省、总结,找到自己需要改进的方面,即为自省。

四、放低姿态,让学生在情感共鸣中学有所得

教师不仅要树立威信,亦需适时放低姿态。日常教学中,教师不仅仅是要批改学生的作业,更需要与学生进行情感对话。可以先聊聊自己的日常生活,再聊聊学生的生活习惯。总之,教师要积极走进学生的生活,与学生进行情感上的对

话。此外，教师要与学生共做一件事，比如师生分别去写同一篇作文，写完后，看看我写的，说说你写的。因为学生有了情感共鸣，也就敢于表达自己的真实想法。

2022年9月，我校迎来了一年一度的秋季运动会。我和学生一起设计制作班牌，一起选择演出曲目、口号等，真的感受到了学生们在享受这个过程。当学生们知道我也要参与他们的舞蹈时，连口罩都遮不住他们脸上的欢笑。运动会开幕的前一天，有个学生特别提醒我——"张老师明天要穿得漂亮些呀！"为了不让学生们的期待落空，我也和她们一样，穿上了俏皮的小裙子，换上了黑皮鞋、白袜子，样子活泼可爱，学生们先是吃惊的表情，接着就是会心的笑容。现在我每每回味起来，心里不禁感慨：师生共舞的画面可真和谐啊！

我想，教师放低姿态后的融洽与美感，才是师生融合、真正有爱的班集体。学生与教师产生了情感上的共鸣，自然也是学有劲头，乐在其中。

五、紧跟时代，青年教师须以身作则

在当今的教育大背景下，青年教师面临着多重挑战，学生和教师身份的互换、"传授型"教师向"引导型"教师的转换等，无一不给刚走出校门的青年教师设下重重阻碍。作为青年教师，我们要迎接挑战，紧跟时代，做学生成长道路上的指明灯、引路人。要与学生共同学习，共同进步，与学生有共鸣；要为学生搭建舞台，与学生共舞；要把发言权给学生，与学生一起倾听；要放慢脚步，等等学生；要更深入地学习，与学生共成长。

本篇作者简介

张茜茜，北京市海淀区中关村一小西二旗分校班主任兼语文教师，2022年度海淀区"笔墨中国"汉字书写大赛中获一等奖，2022年度海淀区"诵读中国"经典诵读大赛活动中获二等奖，在2021—2022学年度青年教师展评课活动中获二等奖。

深耕规范创特色　引领师生共发展
——谈如何抓好教学管理

无论是一线教师，还是学校教学管理者，在工作中都应始终牢固树立质量第一的思想，聚焦学生发展核心素养，以"提质增效"为核心，把握新课标、解读新教材、落实新课程、应对新考试，全面深化教育教学改革。以学生学习习惯养成为突破口，以加强与规范教学常规工作为主线，推进课堂教学与新中考、新高考的有机衔接以及平稳过渡，推进学校的多样化和特色化建设，促进学生全面而有个性地发展，为提升教育教学质量而努力。

在教学管理工作中，我本着"因材施教"的原则，以"差异理论"为引领，认真分析学生的学习态度、学习方法、学习成绩，围绕教学目标，除了认真备课、上课、批改作业、质量检测、优化课堂教学外，采取课堂内外相结合的培优补短措施，制订培优补短计划，实行个别辅导，使优等生和学困生的学习成绩同步提高、同步发展，从而带动中等生不断进步。

一、以主题教研活动为抓手，促进教学质量的提升

在主题教研活动中，以"求真务实，团结协作"为工作要求，引导教研组努力创建自主、合作、探究的教学模式，牢固树立"为学而教、以学定教"的思想，引导教师主动参与主题教研活动，做到人人是研究者。

一是各教研组积极开展课标、中高考政策、中高考试题、"三规三基"建设的学习与研究，积极研究五种手册的使用、大单元教学设计、单元作业设计，积极开展一堂好课大讨论和学科渗透德育小讨论，做好复习课、习题课、试卷讲评课、专题复习课四类课型研究。

二是全体教师严格按照主题教研工作实施步骤，围绕主题学习、研讨，一切工作聚焦课堂，落实课堂教学"趣味、尊重、引领、效率"八字核心词，加强教学方式、学习方法的研究。

三是组织"每人一节公开课活动"。公开课活动任课教师要提升教学设计的站位，即从关注单一的知识、课时的同时关注大单元设计，站在高处看课堂，站

在整体看局部，依据课程标准、教材、学情确定教学设计，突出强调要从关注教师教什么到关注学生需要什么的转变，并有效介入真实情境和任务，从而改变知识的碎片化教学。

二、以考试评价改革为突破口，优化教与学的方式

一是认真学习中高考改革方案，明确具体内容和改革精神，精准解读考试改革，科学备战中高考。有针对性地开展教研指导，做好专题研讨、交流活动。组织学科教师精细研究中高考改革精神，准确把握考试改革方向，精准理解中高考政策的最新动态。细化学科考试内容及各项能力要求，有效备考。

二是做好章节达标、期中、期末、模拟考试、合格考、初中体育现场考试、初高中英语听说考试、中高考等备考工作。通过课堂练习、单元作业等形式开展章节达标，诊断学生阶段性学习情况，了解学生基础知识、基本技能和学习目标达成情况，倡导"科科达标，人人达标"。

三是初建纵横结合的管理模式，完善"一库一制度"。初步建立纵向以年级为单位，分年级召开质量分析会，推进教学工作；横向继续加大学科建设力度，跨学段、跨年级将学科内容有机整合，纵横结合，稳步推进教学工作。"一库"即不断完善学生学业水平数据库建设，充分挖掘数据资源，为质量分析提供有力支撑。"一制度"即建立并不断完善各年级、各班级、各学科、各层面质量分析制度，注重对学生增量评价和学业水平检测，注重基于数据分析基础上的教学改进。

展望未来，我们将继续贯彻学生有质、教师有为的价值追求，以昂扬的斗志、奋发有为的姿态、扎实的工作作风，塑造优质教育，释放幸福力量，贡献成功智慧，办让人民满意的教育。

本篇作者简介

王迪，北京市大兴区旧宫中学副校长、英语教师，大兴区英语学科带头人，大兴区英语名师工作室成员。

建构有利于儿童良好发展的课程

教育既是民生，更是国之大计、党之大计。我们要明确"为谁培养人，培养什么人，怎么培养人"。"双减"的最终目标是关注学生的健康成长，让教育回归校园主阵地，使每个学生都能享有公平而有质量的教育。这成为新时代教育工作者的全新使命。幼儿园是基础教育的开端，作为幼教工作者的我们在不断思考：如何做才能迎接新的变化与挑战？

课程是教育的灵魂，是幼儿园保教质量的核心。如何建构有利于儿童良好发展的课程？课程带给了孩子们什么？在课程建设实施过程中，我们有了以下尝试和实践。

一、立足儿童，建设富有童趣的课程体系

幼儿园课程"既要顺应幼儿的发展，又要将幼儿的发展纳入社会所需的轨道。"为全面贯彻党的教育方针，落实教育部《幼儿园办园行为督导评估办法》，提升办园品质，我园以《幼儿园教育指导纲要》和《3~6岁儿童学习与发展指南》为指引，立足"尊重与解放"，以爱为基底，以儿童的生活为基础，支持儿童在生活的自然状态中获得成长与发展，促进幼儿全面富有个性且具有可持续性的发展。我园建立了共同性课程与选择性课程相结合的课程体系，二者相互补充，不断完善，逐步形成科学化、特色化、个性化的适合幼儿发展的园本课程。

二、立足课程实践，回归师幼亲历的生活

共建我们自己的新环境——在幼儿园，我们关注物质环境与精神环境的双重构建，将环境向幼儿开放，倾听幼儿的声音，尊重幼儿的想法，让幼儿充分调动自己的经验去表达、去迁移、去创造，从而开创出属于自己的新环境。

亲历我们共同的春夏秋冬——在幼儿园里，我们重视大自然对孩子的重要影响，创造孩子与大自然亲密接触并深入感触的机会与空间，运用自然、本真的方式，与孩子共历春夏秋冬，让幼儿园里的人、事、物共同促进孩子的发展。

共享我们创造的智慧游戏——我们将幼儿看作是有学习能力且具有自主意识的生命体，营造开放的、自主的、创造的、愉悦的空间，投放泥巴、麻绳、花盆等低结构材料，让幼儿能够用自己的方式和伙伴、教师、家长一起，共享智慧的游戏，获得全面的发展。

我们认为，只有让幼儿在活动中充分调动各种感官，在探究体验中迎接挑战，才能让幼儿获得成长；也只有尊重幼儿的发展规律，充分满足幼儿的需要和兴趣，让幼儿在鲜活、熟悉的生活中自主探究，才能真正发挥教育的价值。

三、发挥整体力量，形成共同生活的机制

建立课程研发组织机构——幼儿园每个环境、各个角落、所有人员都应是课程的建设者和实施者，这一切都需要构建科学、专业的管理机制来保障。我们成立课程建设研发小组，除了园长、班子成员、骨干教师之外，后勤主任、保健医、伙房组长、保洁组长、保安班长、家委会成员也成了研发小组必不可少的成员，发挥集体智慧，整体规划生活化课程内容，深化生活化课程的核心价值，拓展教育内容与实施途径，给予教师专业上的扶持和引领，精心筛选、科学梳理形成课程。

建立课程定期推进制度——课程不是一成不变的，而应该是动态变化生长的。课程实施过程中，我们通过园本教研，每周一次定期组织教师回顾班级主题活动的开展过程，帮助教师分析课程开展的核心价值，不断明确课程实施的目标与方向，结合不同教师的情况有针对性地给予课程实施建议。

建立全园推进制度——课程实施过程中，我们调动各岗教职工全面参与，建立了生活课程资源提供、课程教育建议提示等机制。全体教职工通过幼儿园课程建设微信群提供、发布和分享相关资源及信息，使资源信息得到有效共享。也不断填补我园年轻教师生活经验不足、教育意识薄弱的现实问题。

建立课程经验分享制度——课程实施后，我们通过全园大会，每季度一次定期邀请课程的主要参与者分享、交流课程开展的经验。不仅一线教师走到台前分享，后勤人员、家长也主动要求来分享。在分享过程中，他们又进一步与幼儿园课程达成共识，促进教育合力。

四、课题引领，提升教师课程意识

为解决教师教与学的方式，我们立项了北京市规划办课题"基于幼儿园真实生活的探究型课程的实践研究"、北京市信息教育中心的"信息化的园本课程资

源建设与应用"课题。充分利用信息化教育容量大、功能多、直观、便捷等优势，改善幼儿园教学资源积累、管理以及分享不足的现状，保障幼儿园保教工作质量稳定提高。

五、完善家园共育机制

"双减"背景下，家长的家庭教育理念、家庭教育知识以及家庭教育技能都需做"加法"。为此，我园每周向家长推送周刊，内容包括科学育儿知识、亲子体育游戏、亲子阅读、好习惯家庭会议等，请家长与孩子共同游戏，营造和谐的亲子关系。

我园将继续深入开发"生活化"的课程模式，以促进幼儿的生活幸福为追求，培育全面发展的幼儿为导向，使幼儿在真实的生活中孕育完整的生命。

本篇作者简介

北京市顺义区杨镇中心幼儿园课程建设部下设课程开发中心和项目活动中心。

师德引领教师发展　营造有爱育人环境

杨镇中心幼儿园教师发展部以"培养有爱教师、缔造有爱幼儿园"为目标，坚持"抓落实、促规范、提内涵、出成效"的工作思路，实施"师德为先、制度跟进、科研引领、环境育人、家园携手"的工作策略，以"师德引领、研修一体、关注过程"的工作方式，促教师全面、可持续发展，从而促进园所保教质量的全面提升。

一、构筑和谐团队，营造有爱育人环境

和谐团队——我园是一园三址办园格局，教职工人数多，青年教师所占比例较大，为了有针对性地培养青年教师，我部结合青年教师的特长，以骨干教师为中心点，伞状辐射范围，成立教师成长共同体。通过各类市、区级项目的承担及园所系列活动的开展，围绕"师德学习、业务培养、特长助长、全面发展"的教师培养方式，打造成长型教师团队。

有爱园所——什么样的环境培养什么样的人，我园坚持以"尊重儿童　解放天性"为办园理念，在营造"尊重与解放"的园所文化中，引领教师践行"与孩子共同开创幼儿园新生活"的办园目标，从而培养有爱教师，营造有爱班级，构建有爱家庭，养育有爱儿童，缔造有爱园所。园所到处都有教师的身影，责任到人制、物品所属制等的实施，使每个教师都能感受到"我是园所的主人"，从而践行有爱理念。

和谐家园——著名儿童教育家陈鹤琴指出："幼稚教育是一种很复杂的事情，不是家庭一方面可以单独胜任的，也不是幼稚园一方面能单独胜任的，必定是两方面共同合作方能得到充分的功效。"家长是幼儿园教育工作不可或缺的教育资源。我园在册幼儿1160名，这意味着教师要面对1160个家庭。为此，我园通过科研课题，引领教师提升家园共育素养，打造和谐的家园关系，共同促进幼儿发

展。到目前为止，我园已培养 11 位家庭教育指导师及志愿者，固定时间开展家庭教育指导工作；开展家长进校园（线上）观摩、服务活动 10 余次。在疫情防控常态化的工作环境中，本部门以"线上推送、个别指导"的工作思路，开展家园指导工作，推出疫情防控期间家园指导系列活动，有效解决多数家长的育儿困惑。通过单独连线的方式，了解每位幼儿及家长的特殊需求，用小组教研的方式讨论出指导策略并给予家长线上指导工作。这不仅增进了家长与教师的情感，更使教师在问题解决的过程中提升自身的业务能力。

二、师德促进成长，提高保教质量

以"师德建设"为抓手，以"课程建设"为教师实践方式。在以师德促成长专题学习中，通过加强教师的思想建设，增强教师幸福感，"以人为本"抓教育，以素质教育为前提，以课题研究为载体，全面提高教育教学质量。

师德引领——只有爱上幼儿教师这个职业，教师才能全身心付出。我园教师发展工作以师德建设为抓手，提高教师的幸福感，让其愿意付出，愿意成长，愿意有所改变；通过激发教师内生动力，用师德引领自身的成长。

科研带动——我园作为北京市科研先进校，积极开展国家、市、区级课题研究，秉承"人人参与"的原则，结合教师岗位及个人特长，从课程建设、信息化资源建设、游戏活动中教师的支持、泥塑活动研究、党建引领等方面，引领教师专业发展。结合科研月活动让更多的教师走出去，学习姐妹园的先进课程，在增见识中长知识。研究成果荣获 2021 年北京市基础教育教学研究成果二等奖。

项目助力——作为北京市幼教师资研训基地，我园承担市级和区级培训项目，通过青年教师参与、骨干教师辐射等多途径，开阔教师视野，提升教师保教工作能力。我园同时也将这些优质资源辐射到全区姐妹园，为顺义区学前教育事业发展助力。

辐射带动——我园与姐妹园成立学研共同体、区域项目小组，互动频繁，资源共享。教师间"你来我往"，多交流、善沟通。教研员是我们"身边的专家"，成为教师活动的导师；众园长是我们的辅导员，成为我们的心理导师；骨干教师作为草根专家，成为我们教学的导师。在共同体众多活动中，教师的专业能力有所提升，大家都在辐射着身边的同行们。

教师发展部以教师的发展为骄傲，以教师的成长为动力，以杨镇中心幼儿园的美好明天为目标，竭尽所能，支持每一位教师的发展，为每一位教师的梦想而携手努力！

本篇作者简介

北京市顺义区杨镇中心幼儿园教师发展部下设：师资培训中心、教育科研中心、家教指导中心。

规范保教工作　有爱保教行为

保教工作部秉承"有爱"文化理念，尽力为教师创设有爱环境。保教工作部由小班组、中班组、大班组三个部门组成，三个部门教师努力践行"尊重儿童、解放天性"的办园理念，以将杨镇中心幼儿园建设成一所有爱的幼儿园为目标，落实在保教各项工作中，争创有爱教师，营造有爱班级，构建有爱家庭，养育有爱儿童，缔造有爱园所。

我园保教工作部有102名教师，负责三个园区日常保教常规工作的计划、实施、评价、研训和成果总结。日常通过"幼小衔接""自主探究游戏"等专题教研，提升教师教育教学能力；依托"发展性内审与团队建设"项目，提升教师班级管理能力；通过"好习惯"实验班项目，帮助教师培养幼儿各项"好习惯"的养成，从而提高教师的家园沟通能力。我园家校协同育人工作成绩突出，被评为顺义区"家校合作育人示范学校"。

保教工作部以把握全园保教工作的进度，建立一日生活常规制度，扎实开展各项保教常规工作。通过常规教研活动解决一日生活中出现的各种问题，利用数字档案系统观察记录模块，指导保教工作人员对一日生活中教育、区域、生活及户外活动进行观察记录与分析为目标，扎实推进幼儿园各类保教常规活动。

注重抓常规保基本，从保教工作部做起，抓严抓实一日活动常规，让常规工作目标清、要求细、流程明、爱意深。每月在培训研讨中统一认识，录制视频保留研究成果，不断形成一日生活实施教育指南视频版，作为评价、培训资料。

保教工作部重视每位教师的成长愿望，支持每位教师的发展需要，幼儿园建立了集体项目活动自愿申报制度、开放活动自荐制度、培训学习自选制度，教师根据自身需要自愿选择、择优上任。有了一个公平、公正、公开的平台，教师便有了自觉发展的愿望，很快进入了我要干、要干好的自觉状态。幼儿园也逐渐形成了"只要想干，园里就会不遗余力地支持你干成"的进取氛围。

新教师董天一承担了美术组组织教育活动的任务，三位年级组长和保教主任反复和她一起备课、研讨，不断尝试，确定小班幼儿兴趣和最近发展区，选取幼儿最喜欢的主题，带领新教师不断进步。小班年级组长罗新珠一直陪伴董天一，准备教具、尝试教具的适宜性。在这样有爱的支持下，董天一的课得到了大家的一致好评。

大型活动中心负责人贾晓青初次承担全园元旦庆祝活动，全园700多名师生，近20个节目，在城市学院报告厅连续三场的演出，是前所未有的活动规模。贾小青始终保持清晰的思路，从节目的审定，服装、道具的搭配，节目顺序的编排，教师们的合理分配，上下场次的要求，与城市学院的接洽，中央音乐学院主演嘉宾的联络等环节，一丝不苟地落实。庆祝活动顺利开启，全场欢歌，贾小青却抑制不住自己的眼泪——这一切都来之不易。

正是在这样一个"有爱"的环境中，保教工作部取得了优异的成绩，教师多篇文章在市、区级竞赛中获奖；孙璐璐、赵建南参加顺义区教师基本功比赛双双获得一等奖，2022年保教工作部被评为"顺义区教育系统优秀师德群体"……

优异的成绩与保教工作部各位教师的努力是分不开的，正是这样一个团结有爱的部门，才成就了杨镇中心幼儿园这样一个"有爱"的大家庭。

本篇作者简介

工作职责：负责三个园区日常保教常规工作的计划、实施、评价、研训和成果总结工作。

我们是贴心的"服务生"

在《建设高质量教育体系》一文中，也阐述了高质量教育体系的意义和任务，尤其是强调了要夯实高质量教育体系根基。我们更加感受到教育在全面建设社会主义现代化国家、全面推进中华民族伟大复兴的新征程中使命光荣、责任重大。

人生百年，立于幼学。幼儿的健康成长不仅关系到千家万户的幸福，也关系到国家和民族的未来。高质量的学前教育，是人生的起点教育、根基教育，对促进儿童健康幸福成长，对提升全民族素质具有重要意义。幼儿园后勤工作看似"不太重要"而且杂而散，可谓"剪不断，理还乱"，其实后勤保障工作是做好幼儿园管理工作和教育工作的基础所在。

杨镇中心幼儿园后勤部在认真贯彻《幼儿园教育指导纲要》精神的同时，做到责任明确，分工到人，切实做到为幼儿及教职工提供了更贴心、更便利的服务。

日常工作中，我们的目标是把保护幼儿的生命和促进幼儿的健康放在工作的首位，全面、规范、系统、科学地做好幼儿园安全管理工作。理念是一切工作有程序，一切程序有控制，一切控制有文件，一切文件有标准。主要职责是建立精细化管理为核心的科学管理体系，构建为幼儿园保教护航的安全防范网络体系。

一、做好后勤保障，多部门联合服务师幼

为了第二天工作能顺利开展，每日下班后，后勤部负责人都会提前计划好第二天早来园后的工作，尤其是特殊工作的安排。

第二天清晨，便可以看到大家热火朝天地忙碌工作。在幼儿入园前，对园内公共区域、种养殖园、餐厅、宿舍、门卫及大门口等29个部位按照保健医要求进行卫生消杀，同时重点针对楼道内墙围、楼梯扶手、公共卫生间水龙头、门把

手、垃圾桶等人体频繁接触部位进行定时消毒。加强公共区域通风，保持空气流通，预防疾病传播。在公共区域卫生间，为教职工提供充足卫生用品；在教职工宿舍，为教职工提供温馨的休息环境；在教工之家，为教职工提供跑步机、动感单车、乒乓球、瑜伽球等健身器材；在女工之家，为教职工提供了扬琴、竖琴、笛子、刺绣等陶冶情操的物资。

课程部会根据学期计划，每月都会有相应生活化主题活动，新学期9月份他们会组织孩子们一起做迎新环境，10月份会组织孩子们一起收割、采摘种植园的蔬菜、山楂，再用这些收获到的食物进行美食制作；11月份会组织孩子们送小鱼回家，12月份会开展美食节，1月份会组织孩子们进行热闹的迎新年活动……每当这个时候，后勤保障部就会积极主动地配合课程部做准备材料、搬运教具、收拾场地等工作，为幼儿提供丰富多样的材料和安全、有趣的活动场地，同时也为教师提供高质量的课程资源。

二、紧跟时代步伐，积极学习业务知识

首先，组织后勤岗位教职工学习、强化规章制度，明确岗位职责与要求，严格规范程序化工作，使教职工从思想上强化服务意识；其次，针对不同岗位提供专业性的专题培训，比如食堂人员会参加食堂设施设备使用、安全用电等方面的培训，保安人员会参加反恐防暴、一键报警等方面的培训等；再次，会利用寒暑假及小长假，聘请法治副校长、交通副校长及消防指战员为教职工讲解专业知识，同时还会利用微信工作群不定时给教职工推送安全类知识。

三、加强物品管理，提高使用效益

根据《幼儿园工作规程》，要创设与教育相适应的良好环境，为幼儿提供舒适安全的活动环境。园内公共区域、专用教室和班级的财产物资，我们均建有固定物品登记表和领取登记表，班级固定使用的物品会在每学期开学前进行清点登记，学期末再进行清点后交后勤处统一保管。同时，我们利用软件系统，对园所内所有固定资产进行实时跟踪，对物品的名称、使用年限、使用地点等使用情况实时掌握。我们还会定期检查核对设备用具，定期检查并及时维修户外大型玩具、监控系统、厨房电器设备等，保证所有物品安全使用。

在新时代建设高质量教育体系的政策导向和重点要求下，我们会继续努力，

做好这个贴心的"服务生"。

> **本篇作者简介**
> 后勤保障部下设资产管理中心、财务管理中心、环创保洁中心和安保修缮中心。

抓载体创新　助园所发展

杨镇中心幼儿园综合服务部自成立以来，在各项工作中始终紧紧围绕"全面加强内涵建设"开展的同时，坚持以"围绕中心、服务大局、营造氛围、提供保障"为理念，"以制度流程化、职责精细化、工作高效化"为基础，按照"内聚人心、外塑形象，增强精神文明建设的实效性、园外宣传的品位性、网络媒体的安全性"思路完成部门目标。

一、勇于创新、敢于改变

多措并举整合园所资产资源，借助网络管理平台及部门职责细化、流程闭环管理等举措，将园所从建园以来的所有资产进行有效整合与统计，并建立《杨镇中心幼儿园资产资源库》，使原本杂乱、烦琐的资产及账目，变得有序而简洁，大大提高了资产管理的有效性及使用的灵活性和数据查验的便捷性。

二、知责于心、严格要求

科学管理提质高效。根据部门职责，积极落实服务保障宗旨，针对幼儿园部门多、档案资料多、易杂乱易丢失等问题，提出以制度流程化、职责精细化为理念。创新档案管理模式，开发电子档案系统，充分利用信息化管理手段，以任务发布的方式进行部署、过程管理和结果审核，工作实效一目了然。帮助幼儿园实现工作清单化、文档标准化、档案规范化、查询智能化的数字档案管理系统，有效提升幼儿园的日常工作管理效率，切实解决了幼儿园工作留痕的难题。

平日里将内审机制融入部门管理工作中，在内审评价常态化的过程中提升工作质量，增进本部门各岗位的了解，加强自我反思与整改的意识与能力，切实保障全园工作有效开展。

制度流程化、职责精细化。综合服务部借力高品质管理咨询项目，结合本部门的实际需要，完善了本部门的组织机构、管理制度以及工作流程，明确工作内容及职责，使工作效率有所提升。

为努力提升幼儿园宣传品位，幼儿园利用电子屏、宣传栏，开展时事政治教育，健康知识宣传。根据传统节日、节气及生活问题开展生活化课程教育；结合消防安全教育日，邀请消防警官来园为教师和幼儿做现场讲解和消防演习；定向活动拓展、庆教龄等园所各种活动的开展，极大地丰富了师幼的校园生活，也为师幼展示自我提供了舞台，为信息宣传中心积累了更多的素材。此外，为更好地宣传和展示教师风采及幼儿园丰富多样的活动，使更多的人看到孩子们的在园生活，综合服务部积极构思创新微信公众号版块，积极向教育宣传中心、镇宣传中心投稿，全方位、多视角地宣传报道幼儿园发展的新思路、新成就和宣传报道幼儿园取得的成果。

综合服务部成立以来，曾被评为顺义区教育系统优秀师德群体、顺义区教育系统宣传工作先进集体；2019 年 6 月在北京电视台《非常向上》栏目中作为嘉宾，对幼儿园办园思想及教学成果进行专题报道。多次接受顺义电视台、顺义时讯采访，宣传幼儿园的艺术特色教育成果及教师队伍管理经验。

本篇作者简介

综合服务部分为：档案资料中心、人事管理中心、信息宣传中心、外事接待中心。

保护幼儿生命　呵护幼儿健康

幼儿园卫生保健工作担负着全园幼儿及教职员工身心健康的监督重任，是保证幼儿园各项工作正常进行的关键。为此，杨镇中心幼儿园卫生保健部结合本园的园务计划，牢固树立"健康第一，预防为主，防治结合"的思想意识，采取一系列有效措施，认真执行卫生保健工作计划，营造全园教职员工关心支持幼儿园卫生保健工作局面，将保健工作落实得更细、更实。我园卫生保健工作在园领导的关心支持下，密切配合教育教学工作，全面落实幼儿园卫生保健工作制度，用爱去"保护幼儿生命，促进幼儿健康"——这正是我园卫生保健工作的首要目标。

采取多种学习培训方式，增强保育员业务水平，提高专业能力，能够很好地配合班级工作，使保育工作更加规范化。

根据季节及教委要求，严抓传染病预防工作，加大健康知识宣传力度，杜绝传染病的发生。严把晨检关，严格晨午检制度和传染病制度，预案齐全，病后措施完善，记录完整详细。对未来园幼儿加强管理，严格追访制度。

对常规工作常抓不懈，为幼儿健康生活保驾护航。班级消毒工作是幼儿身体健康的保证，餐前消毒液的配比和消毒要求，图书、玩具、墩布的晾晒，水杯、毛巾的清洗消毒方法，都在日常的理论学习与工作实操中逐步完成。形成的过程性总结性资料，让保育员一目了然，在工作上得心应手。

结合幼儿园的定期体检和体能测试项目，创建了"看见成长"健康活动区，其中设立了身高活动区、体重活动区、坐位体前屈活动区、视力活动区，给孩子们充分动手操作的机会；同时还将各项标准数值以最简单的方式进行划分，呈献给老师和孩子们，利于他们操作，让孩子们通过亲自测量、记录、评价的过程，能够轻松地看见自己的成长，根据自己的体检结果进行健康管理。

认真贯彻并落实疫情防控期间有关卫生保健方面的方针、政策、要求及法规。认真制订并贯彻学期卫生保健工作计划，学期末做好总结。建立健全各项卫生保健工作制度，检查并督促各项制度的落实，发现问题及时汇报，并提出整改意见。密切与当地卫生保健机构联系，及时做好计划免疫工作。加强疫情防控期间传染病管理工作，做好园所环境及个人卫生管理与消毒工作，指导教师、家长做好防病工作。

做好教职工及幼儿的健康监测统计，上报工作和其他各项卫生保健的记录和统计工作，做到日报告、零报告。保健室内物品妥善管理，各类物品分别存放，不使用过期物品，保健医负责保健室内医疗器械、消毒物品等的日常管理和安全存放。对班级服药情况，进行监督检查。定期对户外玩具及环境卫生进行检查并做好记录。负责幼儿安全事故的登记、分析、处理。

定期对全园幼儿进行体检、体质检测和评价，并及时将评价结果向领导、班级及家长进行反馈，指导班级有针对性地促进幼儿全面均衡发展。指导班级做好特殊儿童护理、教育工作，建立特殊儿童档案管理。

定期组织教职工进行入职体检，杜绝将传染病带入幼儿园，保证各类人员健康检查率达标。

疫情防控期间及时对幼儿、教师及家长进行健康教育宣传。

幼儿园卫生保健工作是幼儿园工作的重要组成部分，是幼儿园管理的首要任务。卫生保健工作的操作规范能有效消除潜在的安全隐患，保障幼儿在园安全，从实践上优化卫生保健工作的流程，从环境上为幼儿营造了良好的氛围，从心理上对幼儿进行了适时的关怀，确保了幼儿身心健康发展。

本篇作者简介

杨镇中心幼儿园卫生保健部，是一个充满热情的团队，共有专职保健医生4人，兼职保健医生8人。